Christian Matalatala

Sur Les Traces D'un Pèlerin

Christian Matalatala

Sur Les Traces D'un Pèlerin

Les journées mondiales de la jeunesse (JMJ)

Éditions Croix du Salut

Impressum / Mentions légales
Bibliografische Information der Deutschen Nationalbibliothek: Die Deutsche Nationalbibliothek verzeichnet diese Publikation in der Deutschen Nationalbibliografie; detaillierte bibliografische Daten sind im Internet über http://dnb.d-nb.de abrufbar.
Alle in diesem Buch genannten Marken und Produktnamen unterliegen warenzeichen-, marken- oder patentrechtlichem Schutz bzw. sind Warenzeichen oder eingetragene Warenzeichen der jeweiligen Inhaber. Die Wiedergabe von Marken, Produktnamen, Gebrauchsnamen, Handelsnamen, Warenbezeichnungen u.s.w. in diesem Werk berechtigt auch ohne besondere Kennzeichnung nicht zu der Annahme, dass solche Namen im Sinne der Warenzeichen- und Markenschutzgesetzgebung als frei zu betrachten wären und daher von jedermann benutzt werden dürften.

Information bibliographique publiée par la Deutsche Nationalbibliothek: La Deutsche Nationalbibliothek inscrit cette publication à la Deutsche Nationalbibliografie; des données bibliographiques détaillées sont disponibles sur internet à l'adresse http://dnb.d-nb.de.
Toutes marques et noms de produits mentionnés dans ce livre demeurent sous la protection des marques, des marques déposées et des brevets, et sont des marques ou des marques déposées de leurs détenteurs respectifs. L'utilisation des marques, noms de produits, noms communs, noms commerciaux, descriptions de produits, etc, même sans qu'ils soient mentionnés de façon particulière dans ce livre ne signifie en aucune façon que ces noms peuvent être utilisés sans restriction à l'égard de la législation pour la protection des marques et des marques déposées et pourraient donc être utilisés par quiconque.

Coverbild / Photo de couverture: www.ingimage.com

Verlag / Editeur:
Éditions Croix du Salut
ist ein Imprint der / est une marque déposée de
OmniScriptum GmbH & Co. KG
Heinrich-Böcking-Str. 6-8, 66121 Saarbrücken, Deutschland / Allemagne
Email: info@editions-croix.com

Herstellung: siehe letzte Seite /
Impression: voir la dernière page
ISBN: 978-3-8416-9920-6

Copyright / Droit d'auteur © 2014 OmniScriptum GmbH & Co. KG
Alle Rechte vorbehalten. / Tous droits réservés. Saarbrücken 2014

CHRISTIAN MATALATALA

SUR LES TRACES

D'UN

PELERIN

(Récit)

« Celui qui fait un pèlerinage prie avec ses pieds, et il fait l'expérience avec tous ses sens que sa vie entière est un long chemin qui mène à Dieu. »

Catéchisme de l'Eglise catholique [1674]

AUX SALESIENNES ET SALESIENS DE DON BOSCO
AUX PELERINS DES JMJ PASSEES ET A VENIR
AU MOUVEMENT SALESIEN DES JEUNES
A TOUS LES JEUNES DU MONDE
AUX MIENS

I.
DE PASSAGE DANS LA VILLE LUMIERE

Les secousses interminables ont interrompu mon sommeil. Nous survolons les airs. Il est quatre heures du matin. Les autres passagers sont en majorité plongés dans un sommeil profond. Je viens à peine de me réaliser que j'ai passé un peu plus de six heures de temps accrocher à mon siège. Il me faut un étirement musculaire pour me décrisper. Mon siège situé à l'arrière de ce géant Boeing me permet de faire ma petite gymnastique sans gêner personne. Les lumières sont éteintes. Les vrombissements des moteurs apaisent les respirations aiguës de certains passagers. Dans la cabine située à l'arrière de l'appareil, les hôtesses et les stewards bavardent en même temps qu'ils apprêtent la petite collation des passagers. Et à plusieurs reprises, ils se mobilisent pour un petit tour de contrôle. Le temps passe et d'une minute à l'autre, les passagers se réveillent presque tous. Avant qu'il ne soit tard, je prends la résolution de débarbouiller mon visage pour être plus frais. A mon retour sur mon siège, l'ennui me gagne. Je mets sur mes oreilles mon casque pour suivre un peu de musique. J'en ai tellement suivi durant mon voyage, avant que je ne ferme l'œil. Malheureusement, elle ne peut plus satisfaire mon envie de détente. Rien à faire, je dois donc être patient parce qu'en cet instant, il reste environs une heure et demie de vol pour atteindre cette destination lointaine de mon pays. Mes voisins de siège viennent à peine d'ouvrir l'œil. Les hôtesses et les stewards commencent à présent leur travail. Une serviette bien chaude est remise à chacun des passagers pour essuyer les mains et ensuite, un petit déjeuner nous est servi. La dégustation finie, les tablettes débarrassées, nous sommes invités quelque peu après par l'équipage de bord à rallonger les dossiers de nos sièges et à bien nous assoir. Petit contrôle rapide des services de l'air et tout le monde est bien en place. Nous amorçons à l'instant notre descente sur la Ville lumière. Un calme total s'installe dans l'avion. Les sifflements des réacteurs s'intensifient pour un bout de temps, et par la suite, nous nous posons tranquillement sur le tarmac. Quand l'appareil s'arrête, je détache ma ceinture, prends mon sac à main et petit à petit, j'avance en direction de la porte de sortie. Au bas de la passerelle nous attend un bus. Il fait frais ce matin. L'atmosphère est couverte de fumée des avions. Je monte dans le bus, et quelques secondes par la suite, le chauffeur démarre. Après avoir parcouru une bonne distance, nous descendons du bus pour emprunter un chemin étagé qui nous conduit droit devant la première barrière des services d'immigration de l'aéroport. Contrôle des passeports, et nous entrons dans un corridor qui nous mène vers la deuxième barrière des services d'immigration. En attendant le reste du groupe, je m'offre une belle partie de photographie avec les amis qui ont déjà traversé les barrières de contrôle. Une impressionnante architecture se dresse en face de nous, laquelle nous donner un air de véritable stupéfaction ! Quelques minutes après, une fois que tout le groupe soit passé, nous nous dirigeons vers le hall où nous devons faire viser nos passeports. Une fois l'opération finie pour tous, nous allons retirer nos bagages. En chemin, nous admirons les colonnes géantes et l'environnement architectural tellement beau et impressionnant. Et au moment où nous arrivons au terminal, les bagages arrivent également. Chacun de nous récupère son sac et nous prenons la route. Mon grand sac à dos sur moi, j'avance en bavardant avec les amis. Après un bon parcours, nous apercevons l'abbé Thomas, un prêtre congolais qui vit à Paris, accompagné d'une demoiselle française. Ils sont venus nous accueillir. Ils nous adressent un petit mot d'accueil et se rassurent que nous avons effectué un bon voyage. Nous échangeons également des accolades. Et avant de poursuivre notre chemin, nous prenons quelques photos. Plus de temps à perdre à l'instant, il nous faut vite prendre la route pour nous rendre dans notre lieu d'hébergement. Nous nous dirigeons vers la gare pour prendre le métropolitain. Mais dans l'attente de nos billets, nous nous asseyons sur des banquettes pour nous reposer un peu. Des cartes retraçant les réseaux métropolitains de la ville nous sont distribuées. Nous sommes une quarantaine dans notre délégation. Après plusieurs minutes d'attente, nous recevons nos billets et nous nous dirigeons vers le chemin de fer. Le métro que nous allons prendre vient d'arriver. Nous y prenons place et partons. En chemin, nos deux guides nous donnent quelques explications sur l'organisation des lignes métropolitaines, et à chaque fois que nous traversons un environnement notoire, nous bénéficions d'un succinct commentaire. Plusieurs minutes après, nous descendons à notre premier arrêt. Je remarque alors en cet instant une chose impressionnante. En effet, les parisiens me semblent être très pressés. Les directions sont différentes mais les allures sont quasi-pareilles. On me souffle à l'oreille que c'est le rythme quotidien des gens d'ici. Il est donc temps de s'adapter à notre nouvel environnement. Brusquement, nous prenons le rythme. Nous achetons un deuxième billet de métro, et nous traversons les portiques électroniques pour prendre une autre ligne. Le rythme de vie est si actif ! Il y a plein de monde en circulation. Nous prenons un deuxième métro, puis un troisième qui nous conduit jusqu'à Belleville. Au sortir de cette ligne de transport souterrain, je savoure le délice d'une architecture gothique qui se dresse devant nous. C'est la façade de la paroisse saint Jean-Baptiste. C'est là que nous sommes accueillis par le curé de cette paroisse, l'abbé Eric Morin. Très gentil et content de nous voir arriver, il nous installe dans le jardin et le bureau du centre paroissial. Par la suite, il s'active pour satisfaire nos besoins. En attendant, les filles prennent leur douche. Les garçons sont quant à eux assis dans le jardin. Certains donnent même un coup de main dans différentes tâches qui s'effectuent déjà. Notre hôte et le chef de notre délégation, le père Dieudonné Makola se rendent par la suite dans un supermarché pour acheter de la nourriture pour notre dîner. A un moment donné, un vent frais et sec se met à souffler dans le jardin. Et comme sur la rue, un doux et beau soleil brille sur le trottoir, nous décidons de nous y rendre. Nous nous occupons en bavardant, en blaguant, en riant et en admirant l'environnement. Quelques passants s'intéressent à nous et ne manquent de nous souhaiter la bienvenue. Un boulanger du coin nous offre même des baguettes parisiennes. Nous les dégustons avec beaucoup d'admiration pour leur qualité très exceptionnelle. Et quelques temps après, l'abbé Eric Chang, un prêtre chinois missionnaire en France et habitant la paroisse, fait son retour. Il nous souhaite également la bienvenue en nous jouant un petit morceau musical au moyen de sa guitare. Il nous fait savoir également qu'il se rendra à Madrid pour les JMJ[1]. Nous bavardons avec lui pendant un peu plus d'un quart d'heure. Pendant que le repas est déjà en pleine cuisson, les garçons prennent leurs bagages pour se rendre dans leur local d'hébergement situé juste en face de la paroisse, de l'autre côté de la rue. Et pendant que nous aménageons notre local, un jeune homme congolais comme nous y débarque. Il habite le quartier. Il venait d'apprendre qu'il y a des congolais qui sont arrivés en grand nombre dans le coin, nous dit-il, et il est venu à notre rencontre. Petit geste de charité et d'amour de sa part : il nous a apporté quelques pains et sardines avant de s'en aller en nous souhaitant de passer un excellent séjour à Paris. Nous sommes contents

---

[1] JMJ signifie journée mondiale de la jeunesse.

de ce geste. Ce jeune homme a habité Lubumbashi, la ville d'où nous venons. Nous ne le laissons pas partir sans lui transmettre nos sincères remerciements. Par après, nous mangeons donc cette nourriture avec joie. La mise en place terminée, nous allons prendre à notre tour une bonne douche. Nous regagnons par la suite le jardin pour le repas. Après la dégustation, les filles et quelques garçons se rendent dans les dortoirs respectifs pour la sieste. Moi et quelques garçons, restons assis dans le jardin. Nous décidons par la suite d'effectuer une promenade dans le quartier en attendant la suite du programme de la journée. Ainsi, nous explorons Belleville. L'environnement est paisible. On nous fait savoir que plusieurs familles habitant ici sont en vacances. Çà et là, des cafés et restaurants sont grandement ouverts. Des magasins, kiosques... également. Les banquettes situées au bord de certaines rues nous permettent de souffler un peu et d'admirer paisiblement la nature. Après plus d'une heure de promenade, nous décidons enfin de rentrer à la paroisse. Nous sommes invités quelques minutes après notre retour à nous apprêter pour la grande promenade avec tout le groupe. Une demi-heure après, nous prenons la route. Nous allons visiter la ville, accompagnés de nos responsables et accompagnateurs. Les premiers instants paraissent timides. La fatigue du voyage a gagné plusieurs esprits. De quoi casser le rythme parisien ! Cependant, nous n'avons pas beaucoup de temps pour découvrir cette fabuleuse agglomération aux bâtisses impressionnantes et fantastiques. Animés par le profond désir de découvrir cette ville, nous pressons les pas. L'atmosphère est ensoleillée. C'est l'été ! Le vent qui souffle sous le beau soleil rend l'insolation paradisiaque. Les innombrables constructions parisiennes de couleur beige sont admirées par nos yeux grands ouverts. Sur les routes défilent à des vitesses modérées des voitures, des scooters et des bicyclettes. Les touristes comme nous sont nombreux, venant de plusieurs contrées de notre monde. Les lieux aux monuments exceptionnels battent les records en nombre des visiteurs. Jusqu'à neuf heures du soir, certains lieux touristiques sont encore inondés de monde. Je garde encore en souvenir cette visite au pied de la gigantesque tour Eiffel. C'est là que nous avons rencontré durant notre séjour dans cette ville, la plus grande concentration des touristes. Je ne peux cacher la stupéfaction que j'ai ressentie quand nous sommes arrivés au pied de ce géant monument en acier. Nous avons également, durant notre visite dans la ville, acheté nos sacs de couchage. Et dans la soirée, le chef de notre délégation nous invite à aller à la rencontre de nos compatriotes, nos frères congolais de la diaspora. La destination s'appelle Château-rouge. Nous prenons le métro jusqu'à notre destination. Une fois sur place, j'explore un monde qui parle lingala, une des langues nationales de la République Démocratique du Congo. Sur la voie publique se vendent à la sauvette quelques mets congolais. Les prix se discutent même selon la bourse de chacun. La grande communauté congolaise et même africaine de Paris vit ici, nous dit notre accompagnateur. Après quelques mètres de marche, nous arrivons devant un restaurant congolais. Nous sommes chaleureusement accueillis sous ces mots : « Bana mboka, soyez les bienvenus!» Cela signifie : « les fils du pays (les compatriotes), soyez les bienvenus ! »

    Nous prenons place en petits groupes autour des tables. D'autres clients, également congolais, sont avec nous. Et tenant compte de la taille de notre délégation, nous n'échappons pas aux questions traditionnelles. Sur chaque table, il y a un porte-parole. Ainsi donc, nous faisons connaissance avec plusieurs de nos compatriotes. Une ambiance de commérage règne dans ce restaurant. Nous passons la commande de la boisson et en même temps, nous bavardons avec nos frères, parlant politique, société, musique, culture…L'ambiance est vraiment congolaise dans ce restaurant de type Malewa[2].

    Nous avons prévu de souper ici. Malheureusement, la chance ne nous sourit pas. Ce resto aux menus exclusivement congolais ne produit que des mets sur commande au préalable. Et comme nous sommes nombreux, il est, nous dit le responsable du resto, impossible d'apprêter dans les instants qui suivent un repas pour tous. Rien à faire, plus de souper à la congolaise ce soir. Nous sommes donc invités à revenir un autre jour et surtout à ne pas oublier « le mot de passe ». Le responsable du restaurant s'excuse également pour ce désagrément ! Nous prenons congé de nos compatriotes et allons souper ailleurs. C'est tard dans la nuit que nous regagnons Belleville pour dormir en paix après une journée très riche en découverte.

---

[2] Nom en argot kinois donné à des restaurants de fortune, très populaires en RD Congo, et dans lesquels se consomment des nourritures locales.

Le lendemain matin, je me lève à huit heures. Je suis du nombre des premiers à ouvrir l'œil. Je prends mon bain et par la suite, après que tout le monde se soit levé, je passe un coup de brosse pour assainir le parterre de notre dortoir. La journée s'annonce encore plus belle ce matin. Les membres restant de notre délégation sont arrivés ce matin même. Ils ont effectué leur voyage un jour après nous. Assurément, ils sont fatigués ! Cependant, ils sont contents d'être parmi nous. La première grande activité de la journée est la célébration eucharistique qui se tient dans la paroisse Saint Jean-Baptiste. Et quelle belle occasion ! La paroisse fête sa dédicace, ses cent cinquante années depuis sa construction. A cette occasion, le curé nous réserve une messe fantastique avec une prédication magnifique. Quelques fidèles de la paroisse sont venus prier avec nous également. Après la célébration eucharistique, nous visitons l'église et prenons des photos dans tous les sens jusqu'à rejoindre tous le jardin, dans l'attente du repas encore en pleine cuisson. Et pour ne pas s'ennuyer, quelques-uns profitent de la connexion internet du centre paroissial pour s'occuper un peu. En ce même instant, certains se reposent. Et à midi, nous partageons le repas. Après le dîner, durant la sieste, le programme de la suite de notre voyage nous est communiqué. Notre délégation devra effectuer son voyage en deux groupes. Le premier groupe partira demain à deux heures et demie de l'après-midi, et le second le jour suivant à quatre heures de l'après-midi. Mon nom figure sur la liste du premier groupe. Ainsi, nous tournons cette page pour penser à présent à la poursuite de notre visite touristique. Cette fois-ci, nous partons bien avant que hier afin de visiter d'autres lieux ciblés pour aujourd'hui. A cette occasion, nous prévoyons de visiter plusieurs places publiques que hier. La visite de ce jour ressemble un peu à celle d'hier, mais comme nous visitons des lieux aussi fantastiques et plusieurs encore, la visite prend un air plus agréable. Il y a tellement de choses attrayantes à voir que le groupe a tendance à se scinder en deux. Mais vite, il se reconstitue pour une bonne visite d'ensemble. Çà et là, des places publiques suscitent en nous des fortes envies de les immortaliser. Les flashs et les positions se succèdent dans une ambiance joviale. Le doux soleil parisien d'été nous couvre de ses rayons paradisiaques. La promenade touristique de ce jour est donc encore plus agréable. Le dernier lieu visité aujourd'hui est la cathédrale Notre Dame de Paris. Et comme la visite de ce jour a été encore plus longue, la soirée s'annonce lorsque nous quittons la cathédrale. Nous prenons ainsi la direction d'une rue située pas loin de là. Sur celle-ci se trouve une série de restaurants, cabarets, et magasins. Et pour notre souper, nous choisissons un restaurant maghrébin. Quelques minutes après notre installation et après avoir passé la commande, nous sommes servis. Nous mangeons tranquillement, assis dans une place souterraine du restaurant. Une fois le souper terminé, nous reprenons la route.

Je suis déjà fatigué. Il me faut un bon repos pour affronter les longues heures de voyage en bus que je vais effectuer demain avec quelques membres de la délégation. Après un bon parcours, nous arrivons à Belleville. De retour à la paroisse, j'ai juste le temps de déballer mon sac de couchage et je m'endors. Cependant, quelques minutes après, j'entends des bruits à l'extérieur et je me lève. Il y a des jeunes du quartier qui jouent au football sur notre rue. Ils nous invitent à jouer avec eux. Certains gars de notre délégation encore forts acceptent l'invitation et la partie commence. Je suis en cet instant du nombre des spectateurs de cette partie très impressionnante de football de rue. Cependant, vu qu'il se fait déjà tard, nous interrompons la partie cinq minutes après son début pour privilégier le sommeil. Et quelques minutes après, la police débarque pour interpeler ces jeunes parce qu'ils produisent un grand vacarme, perturbant le calme de la nuit.

Le lendemain matin, nous rendons gloire à Dieu pour ce jour qu'il nous offre et confions entre ses mains notre voyage. C'est la première activité de notre journée. Le reste de mon temps, je le consacre à la préparation de mon sac de voyage avant de partager un repas d'ensemble en pleine matinée. Quand midi sonne, le premier groupe prend la route. Mais avant de partir, nous échangeons quelques accolades et mots d'au revoir avec nos frères qui nous rejoindront le lendemain. Nous nous dirigeons vers la gare routière d'où nous devons embarquer. Et comme ce sont les vacances, les voyageurs se comptent en très grand nombre. Les destinations sont nombreuses et comptent chacune plusieurs voyageurs. Nous faisons la file pendant quelques bonnes minutes pour le check-in avant d'introduire par la suite nos bagages bien étiquetés dans la soute de l'autocar de notre destination. Dix minutes avant notre départ, nous prenons place dans l'autocar dans l'attente du voyage. Notre destination s'appelle Madrid. Notre voyage s'étendra sur plus de vingt heures de temps. Quand deux heures et demie sonne, nous démarrons. A ma gauche, un jeune homme est paisiblement assis. Nous quittons Paris. L'atmosphère est teintée d'un doux vent frais. Le chauffeur roule à une vitesse modérée. En chemin, nous explorons certains coins de Paris que nous n'avons pas vu précédemment. Le réseau routier nous montre ses qualités et potentialités. Les routes ont un teint noir foncé et sont bien lisses. Pas de secousses ! Elles sont largement grandes, construites de manière très impressionnante. Les quatre roues sont nombreuses. Plusieurs bonnes minutes après, nous traversons les frontières parisiennes. Nous parcourons maintenant des petites villes et campagnes de France. En chemin, au regard des merveilles qui se dressent devant nos yeux, je suis fasciné. Au fond de mon cœur, je me dis que « ces gens sont des grands bosseurs ». Les espaces réservés à l'élevage et à l'agriculture sont tellement vastes. Ils constituent une bonne partie de l'environnement rustique. J'aperçois au loin des éoliennes en train de tourner, des tracteurs en train de labourer la terre et de faire des récoltes sous la houlette des paysans, des vaches broutant tranquillement dans des prairies verdoyantes, des arrosoirs industriels aspergeant de l'eau dans les plantations…L'environnement est étendu et calme, bien assaini. Les routes, les mêmes. Les petites forêts sont bien vertes, avec des bois étouffés. Nous traversons également quelques cours d'eau. Après une heure de voyage, le premier arrêt intervient. A notre descente, il y a un crachin qui nous arrose. Certains se rendent dans une supérette pour se procurer une boisson sucrée ou un amuse-gueule. D'autres restent simplement debout au bas de l'autocar. Et à côté de la supérette se trouve un petit restaurant. Je sollicite les installations sanitaires de celui-ci pour mouiller mon visage devenu pâle de fatigue qui s'annonce en moi. Après quinze minutes d'arrêt, nous reprenons la route. C'est le même genre de paysage que nos grands yeux curieux observent. Mon voisin de gauche ne m'a toujours pas adressé la moindre parole depuis le début de notre voyage. Je prends alors la résolution de la lui adresser. Il parle arabe et français. Son nom est Mohamed. Il est de nationalité marocaine. Nous nous mettons à bavarder et notre conversation dure quand même longtemps. Il me parle brièvement de sa vie. Il se rend à Madrid pour une affaire privée. Il réside en France depuis quelques bonnes années. Il donne un coup de main à son frère aîné qui est tenancier d'un restaurant à Paris, spécialisé dans la préparation des sandwichs. Sa présence en Europe se justifie très clairement par la recherche d'une vie meilleur : « le bonheur, le bien-être ». Ses projets d'avenir sont légion... Nous parlons politique, société et culture. Notre échange est très emballant. Je partage même avec lui son goûter. Il n'hésite pas non plus à me parler de sa foi musulmane. Je lui parle également de ma foi chrétienne avec conviction. Et après ce partage très emballant, nous devenons amis. Il m'invite même à venir goûter gracieusement des bons sandwichs dans leur restaurant une fois que je serai de retour à Paris.

Nous poursuivons toujours notre voyage. A un certain moment, l'autocar s'arrête pour la deuxième fois. L'arrêt durera un peu plus de temps que le précédent, nous dit le conducteur. Cette fois-ci, j'entre dans un restaurant, accompagné des quelques amis. Le chef de notre délégation nous offre un léger repas que nous dégustons tranquillement le temps que les trente minutes de pause s'écoulent. A l'écoulement de la demi-heure, nous reprenons la route. Le chauffeur nous diffuse cette fois-ci un cinéma au travers du poste téléviseur se trouvant dans l'autocar. Le cinéma est en espagnol. Je n'y comprends presque rien et j'entends à peine ce qui se dit, surtout que çà et là dans l'autocar, il y a du bavardage et des rires. Et en même temps, je continue à bavarder avec mon nouvel ami. A l'arrière, les filles de notre délégation bavardent et s'amusent avec une charmante fillette qui voyage avec nous, accompagnée de son père. Un couple portoricain, accompagné de leur grande fille, bavarde également avec nous. Je suis ravi de savoir qu'ils connaissent quand même notre pays, bien que certains de nous ne connaissent pas du tout le Porto Rico. Le mari nous cite à cet effet quelques hommes politiques de la vieille époque de notre pays.

Le crépuscule s'annonce. Le fantastique paysage rustique nous accompagne toujours. Les passagers sont presque tous fatigués. Le silence s'installe dans l'autocar et d'une minute à l'autre, les paupières s'alourdissent et la quasi-totalité des voyageurs se retrouve plonger dans un doux sommeil. Je suis également du nombre de ceux qui sommeille. Bien de temps après, je sursaute. Nous venons d'arriver à Bordeaux. L'autocar s'arrête. Il fait déjà noir à l'extérieur. Un agent des services d'immigration monte dans l'autocar et exige à tous les passagers la présentation des papiers. Ainsi, au moyen de sa torche, il vérifie nos passeports et s'assure que tout le monde est en ordre. Malheureusement, une dame noire africaine se trouvant dans l'autocar avec nous a un visa expiré. L'agent saisit son passeport et l'invite à descendre et à prendre ses bagages. Elle est ensuite conduite dans une voiture de police par un autre agent et emmenée par après je ne sais où. Nous sommes frappés de consternation. La pauvre ! Elle n'a pas exprimé la moindre explication. Même pas un seul mot prononcé. C'est le sort des personnes qui ne sont pas en règle ici, me dit à l'instant même mon voisin de siège qui lui-même, a failli se faire expulser pour une petite irrégularité dans ses papiers. Heureusement pour lui, il s'est justifié à sa manière devant l'agent de police.

Le contrôle terminé, nous continuons notre route. Au loin, nous avons une vue de la Méditerranée et un bref aperçu de la prestigieuse ville de Bordeaux. Nous poursuivons notre route jusqu'à atteindre la frontière franco-espagnole dans la nuit. L'autocar s'arrête encore une fois pour nous permettre de respirer un peu. Je descends pour aller me débarbouiller le visage dans les installations sanitaires d'une supérette et par la suite, je fais une petite gymnastique pour m'assurer d'avoir décrispé mes muscles devenus durs de fatigue causée par l'immobilité pendant un temps suffisamment long. Nous disons enfin au revoir à la France. Nous roulons à présent en terre espagnole. J'ai encore l'œil ouvert pour admirer l'impressionnant réseau routier. La fatigue en attendant me paralyse petit à petit. Cette fois-ci, je suis à bout ! Les lumières sont éteintes pour nous permettre de bien nous reposer. Ainsi, je rabats mon siège pour m'endormir.

Le lendemain matin, je me réveille. Plusieurs passagers dorment encore. Le conducteur de l'autocar nous annonce notre arrivée à Madrid pour bientôt. Quelques minutes après cette annonce, nous arrivons aux portes de Madrid. La ville est magnifique. Nous roulons sur une autoroute. Les rayons de soleil nous piquent déjà les yeux au travers des fenêtres. Le trafic routier est très important. Nous nous dirigeons vers la gare routière. A notre arrivée, nous descendons et prenons nos bagages. Cependant, notre voyage n'est pas encore terminé. Un passager africain qui a voyagé avec nous depuis Paris se montre très gentil à notre endroit. Il nous aide dans les formalités d'achat de nos billets de train. Il accepte même de nous conduire jusque devant la voie ferrée où nous devons prendre notre train avant de continuer sa route. Nous ne manquons pas de le remercier de tout cœur. Cinq minutes après, le train arrive. Brusquement, Marie-Elie, une fille de notre délégation, constate qu'elle a oublié son petit sac à main dans l'autocar. Notre accompagnateur fait demi-tour avec elle. Pas question de les laisser ! Nous prendrons le prochain train. A leur retour, Marie-Elie a le sourire aux lèvres. Le petit sac a été retrouvé in extremis. Heureusement pour elle ! L'autocar s'apprêtait à prendre une autre destination. D'une minute à l'autre, un autre train arrive et nous y prenons place. Notre destination s'appelle Guadalajara.

II.

LES JOURNEES EN DIOCESE

La ville de Guadalajara est située à cent trente-six kilomètres de Madrid. Nous y sommes invités pour les journées en diocèse, à l'occasion des journées mondiales de la jeunesse. Les journées en diocèse sont des avant-gouts des JMJ. Elles permettent aux jeunes de s'imprégner de l'expérience de foi avec des activités culturelles, des visites historiques, des moments de fête, mais surtout des temps de prière et de célébration de la foi en Jésus-Christ. Tous les diocèses espagnols, à quelques exceptions près, accueillent les pèlerins au cours des cinq jours qui précèdent la célébration des JMJ. Aux diocèses espagnols se sont joints les diocèses français de Bayonne et Gibraltar. Le voyage de Madrid jusqu'à Guadalajara est de trente minutes environs. Nous sommes impatients ! En chemin, j'admire les graffitis marqués sur les murs. Notre destination est le terminus du train. Une demi-heure après comme prévu, nous arrivons. Et avant de poursuivre notre chemin, nous dégustons un petit-déjeuner dans un café et prenons un bon temps de détente. Par la suite, nous nous dirigeons vers la route, juste en face de la gare, pour attendre l'autobus qui nous conduira jusqu'à notre lieu de séjour. Le chef de notre délégation se renseigne auprès d'un monsieur qui, par chance, connaît bien l'endroit où nous allons. Et dans l'attente de l'autobus, ce monsieur nous apprend quelques mots en espagnol et nous parle brièvement de l'Espagne, notre pays hôte. Le temps passe et l'autobus finit par arriver. Aussitôt, nous y montons. Les habitants de Guadalajara qui sont avec nous dans cet autobus n'hésitent pas à nous souhaiter la bienvenue. Ils sont vraiment fiers d'accueillir tant de monde chez eux. Certains nous glissent à l'oreille avec gentillesse quelques mots en français. A notre tour, nous admirons cet honneur en leur accordant un beau et gentil sourire et quelques mots en anglais, en français, et même en espagnol. La ville est pleine de monde, en majorité des jeunes venus de plusieurs pays pour les journées en diocèse comme nous. Quand nous arrivons devant le collège salésien Saint José, lieu où nous sommes attendus, l'autobus s'arrête. Une équipe constituée d'un prêtre et de quelques jeunes vient à notre accueil. Nos hôtes sont fiers et ravis de nous voir arriver. Ça se sent dans leur enthousiasme ! Ils nous aident même à porter quelques-uns de nos bagages et par la suite, nous installent sous le hall où sont bien rangées des tables et des chaises. Sur les valves sont affichés quelques renseignements sur les délégations à accueillir dans ce magnifique et beau collège. Il y a également un bureau disponible pour les renseignements et préoccupations diverses. Les autres délégations accueillies dans ce collège, et qui sont arrivées déjà, sont à l'instant en visite touristique dans la belle petite ville de Guadalajara. Avant d'occuper les gymnases réservés pour nous, une délicieuse collation nous est servie. Une fois dans nos gymnases, chacun de nous se choisit un petit endroit où il place ses bagages. Par la suite, nous allons prendre un bon bain. Il fait très chaud ! Après le bain, nous recevons chacun un petit sac contenant un t-shirt, une petite documentation et quelques objets nécessaires pour ces journées dans le diocèse de Siguënza-Guadalajara. A midi, le repas est prêt. Les autres jeunes et accompagnateurs viennent de rentrer de leur visite touristique. Nous sommes invités à table pour le dîner. Dans l'ordre et en file, nous sommes servis par des dames volontaires et par après, nous sommes conviés à nous installer sous le hall pour la dégustation. Le choix des places sous le hall est tout à fait libre. Pour mon premier repas ici, je m'installe sur la même table que deux jeunes venus du Sud-Soudan, Justin Emilio et un de ses amis. La chaleur juvénile présente déjà ses effets. Mes deux amis sud-soudanais parlent anglais, et moi français. Cependant, je fais un effort pour leur parler en anglais. Mais en dépit de nos langues qui sont différentes, une chose est certaine : nous nous comprenons assez bien ! Et pendant que j'intensifie ma causerie avec mes deux nouveaux amis, une jeune demoiselle espagnole approche notre table pour se rassurer que nous sommes à l'aise. Quel privilège ! En plus de l'espagnol, elle parle anglais. Sofia, c'est son nom. A notre arrivée au collège, elle était du nombre des jeunes venus nous accueillir avec enthousiasme. Sa gentillesse est tellement frappante. Elle est si attentive à la moindre inquiétude que peut ressentir l'un ou l'autre parmi ces nombreux jeunes. Avec donc un début si intéressant, j'attends impatiemment de vivre pleinement à cœur ouvert ces moments forts que les rencontres juvéniles en diocèse nous réservent pour ces JMJ.

  Ainsi donc, mon cercle d'amis ne tarde pas à s'agrandir d'une minute à l'autre. Pendant que j'atterris avec mon repas, Corine, une jeune demoiselle mexicaine, vient sur ma table. Et quelle chance! Elle parle couramment espagnol et français. Avec elle, je bavarde longuement. Elle veut connaitre plusieurs choses sur mon pays, surtout sur son aspect culturel. Bref, apprendre quelque chose de particulier sur la société congolaise. L'échange est réciproque et très emballant. Je viens de finir mon repas. L'heure est à la sieste. Certains choisissent d'aller dormir un peu. Moi, je profite de cet instant pour faire encore plus de connaissance avec autant de jeunes avec lesquels je peux bavarder un peu en dépit de la divergence de langues. Je ne peux me souvenir de tous les noms, mais en tout cas je vous assure qu'une ambiance amicale rayonne au point de faire de nous des frères et sœurs. Une heure après, nous sommes invités à découvrir quelques lieux et monuments de la ville. La visite s'effectue en délégation. Maria est le nom de la jeune demoiselle espagnole qui a la charge de nous conduire durant notre séjour à Guadalajara. Nous sommes un samedi. La ville est calme. Nous voici en route pour un peu de tourisme. Nous marchons paisiblement sur les trottoirs aux parterres de teints noir et gris bien propres. Chemin faisant, nous recevons quelques explications sur la ville. Les belles et anciennes constructions sont nombreuses. Cette après-midi de fin de semaine, nous visitons quelque chose de très particulier : une église datant du dix-neuvième siècle. Dans les caves de celle-ci se trouve la tombe de la duchesse qui a fait édifier ce merveilleux temple. Les membres de sa famille sont également mis en bière dans des caveaux semblables au sien. Cette église est vraiment pittoresque ! Plusieurs touristes y viennent pour l'admirer.

A la fin de notre visite dans ce lieu sacré, nous regagnons les marches du parvis pour des photos souvenirs. Et en ce moment-là, un groupe des jeunes, venus de Dubaï (Emirats arabes unis) et d'Inde arrive pour visiter cette belle et somptueuse église. Nous faisons connaissance avec ces jeunes et nous échangeons même quelques présents. Et pour clôturer cette belle rencontre, nous nous livrons à une belle partie de photographie avant de poursuivre notre chemin sous ce soleil d'été si piquant. Nous visitons par la suite également plusieurs autres lieux historiques, toujours en compagnie de Maria, notre guide. Après ces belles visites, nous nous rendons dans un grand parc de la ville : le parc de la Concordia. A notre arrivée, le parc est rempli de monde. Presque toutes les délégations accueillies dans ce diocèse sont présentes. D'autres s'apprêtent à y venir pour une grande activité d'ensemble. Ici, nous avons le privilège de rencontrer des jeunes venant pratiquement de partout. Quelle diversité ! Je vous assure qu'il est beau de voir des jeunes ne parlant pas du tout la même langue rire, bavarder, échanger des petits souvenirs, se serrer dans les bras, danser ensemble…ou prendre des belles photos embellies par les sourires instantanés et cris de joie de tous. Et en plein milieu du parc se trouve une fontaine aux jets d'eau fantastiques. A deux mètres de là est placé un arbre artificiel sur lequel nous pouvons coller un petit message personnel exprimant le sentiment qui nous anime. Et tenant compte de la beauté de la fontaine, nous optons de nous installer à quelques mètres de celle-ci. En se mettant là, nous pouvons être facilement en contact avec tous les jeunes qui s'approche de la fontaine et même de l'arbre artificiel. L'occurrence la plus éloquente ici est la rencontre de notre délégation avec celle du Pérou. En effet, nous sommes assis paisiblement sur nos chaises et nous bavardons en même temps que nous sirotons une boisson sucrée. Des jeunes péruviens très joviaux, accompagnés de quelques adultes, nous abordent pour savoir de quel pays venons-nous. Comblés d'allégresse à la rencontre des jeunes venus d'Afrique, ils nous invitent à exécuter ensemble des pas de danse sous l'agréable accompagnement sonore exécuté au moyen des instruments de musique propres à la tradition péruvienne. Ceci est l'expression d'un signe d'amour et d'accueil, nous disent-ils. Que c'est merveilleux ! L'ambiance juvénile s'électrise davantage ! Nous allons aussi vers d'autres jeunes pour connaître leurs pays de provenance et échanger la joie qui nous anime. La divergence des langues n'est quasiment en rien une barrière pour que les jeunes se comprennent facilement. Le langage du sourire et de la sympathie sont deux des multiples atouts permettant aux jeunes de vivre de manière conviviale ces instants de joie. La créativité pour que les jeunes se comprennent entre eux est sans limite. A l'approche de la soirée, nous sommes invités à participer à la grande procession de ce jour. Une statue de la très Sainte Vierge Marie se trouve en tête de cette procession. Je vous assure que cette statue est tellement belle à voir. De toute ma vie, je ne me souviens pas avoir vu auparavant de mes propres yeux une si belle et somptueuse statue de Marie. Une impressionnante couronne aux éclats dorés coiffe la tête de la Madone. Des jeunes et également des adultes accompagnent la statue de la Madone durant toute la procession qui a débuté depuis une grande église située à près de deux kilomètres du parc de la Concordia. Les cantiques et applaudissements accompagnent aussi cette magnifique procession. Petit à petit, nous arrivons au parc de la Concordia. L'autel où doit être célébrée l'Eucharistie est bien prêt. Le chœur anime déjà la cérémonie avec des chants marials. Nous sommes tellement nombreux. Certains sont soit debout, soit assis sur des chaises, soit sur la pelouse. D'autres encore sont assis par terre. Sur les chaises sont assises de manière générale les personnes âgées. Moi, je suis assis par terre, au bas de l'autel, pour mieux capturer les images de la célébration. Cet après-midi, je joue le rôle de cameraman du groupe. Mes frères congolais sont assis à près de dix mètres de moi, sur la pelouse. Il y a cependant un jeune de notre délégation, Charly, qui est à mes côtés. Lui s'occupe de la prise des photos. La célébration se tient essentiellement en espagnol, mais il y a des parties qui sont faites dans plusieurs autres langues dont le français. A la fin de la messe, nous prenons quelques photos souvenirs aux côtés de la belle et somptueuse statue de la très Sainte Vierge Marie. Et pour clôturer cette célébration, l'hymne des JMJ de Madrid est entonné : « Firme en la fe » qui signifie « affermis dans la foi ». C'est la première fois que je l'entends. Le son de cet hymne est magnifique. Après que l'hymne soit chanté, il est temps de refaire la procession pour retourner la statue de Marie dans l'église d'où nous l'avons prise. Compte tenu du nombre des pèlerins, nous avançons bien tranquillement. Nous décidons par la suite de porter le drapeau congolais dans les airs. Et comme il est tellement beau, les curieux accourent pour savoir à quel pays appartient-il. Certains veulent même échanger leurs drapeaux contre le nôtre. Je vous assure que nombreux sont fiers de voir des africains en si grand nombre. Quelques instants après, une jeune demoiselle noire vivant à Guadalajara reconnaît le drapeau de la République Démocratique du Congo et vite, elle nous rejoint. Elle nous fait savoir qu'elle est congolaise comme nous. Cette nouvelle agrandit la joie qui nous comble déjà. Nous l'accueillons chaleureusement parmi nous en lui réservant une belle place au milieu de nous. La procession continue. La statue de Marie est devant, à une cinquantaine de mètre de nous. Et plus nous avançons, nous constatons que la procession prend des allures silencieuses. Nous décidons alors de l'animer un peu. Ainsi donc, nous entonnons des chants marials en langue swahili, une des langues nationales de notre pays. Les paroles les plus simples sont répétées par plusieurs jeunes et même adultes qui sont à nos côtés. Et quand elles paraissent difficiles, ils nous accompagnent avec des applaudissements rythmés, des cris de joie, et surtout beaucoup de sourire. Que c'est beau ! Après une bonne et agréable procession, nous arrivons au parvis de l'église. Une cérémonie se déroule pendant quelques minutes avant que la statue de Marie ne soit remise dans l'église. On fait sonner les cloches de l'église pendant quelques instants et un bref recueillement intervient. Par la suite, la statue de Marie est introduite dans l'église sous les applaudissements de toute la foule. Il est temps à présent de rentrer dans nos lieux d'hébergement. Mais avant ça, les jeunes congolais s'activent. Le climat de fête est lancé. Nous poussons des cris de joie, dansons et chantons au rythme des chants populaires de chez nous. Nous trottinons et courrons même pour attiser l'ambiance. Ces gestes ne sont pas perçus avec indifférence par les autres pèlerins. La preuve est que nombreux se joignent à nous pour partager cette joie immense. Filles et garçons, blancs, noirs et asiatiques partagent sans honte cette ambiance juvénile portant la marque de la République Démocratique du Congo. N'est-ce pas une raison de grande fierté pour mon pays ? Cependant, comme il commence à se faire tard, nous décidons de rentrer au collège. Et ce retour ne s'effectue pas en silence mais toujours avec la même ambiance. Le drapeau de notre pays est porté par deux jeunes congolais se trouvant en avant de cette foule des jeunes qui dansent, chantent et trottent dans les rues de Guadalajara. A notre passage, certains habitants de la ville sortent même de leurs habitations pour voir ce qui se passe dans la rue. Il y a même eu une délégation d'un pays, forte de plusieurs jeunes, qui a détourné son chemin pour jouir avec nous de cette vitalité avant de réemprunter le chemin de son lieu d'hébergement. Il fait tellement chaud ce soir. Nous transpirons énormément, surtout que nous sommes tellement en mouvement. A un moment donné, la police locale nous escorte même parce que nous drainons dans les rues un nombre non moindre de jeunes. Cette soirée est restée graver dans les cœurs de beaucoup des jeunes, rentrés peut-être un peu fatigués mais pas du tout déçus d'avoir participé à cette fête de la jeunesse improvisée par les jeunes de la République Démocratique du Congo.

De retour au collège, nous rencontrons des nouveaux venus. Il s'agit des ghanéens qui sont arrivés quelques minutes seulement avant notre retour. L'ambiance que nous avons commencée dans la rue est bien loin de se terminer quoique que nous soyons enfin arrivés au collège Saint José où nous logeons. Nous formons instantanément un grand cercle sur l'un des terrains de sports, tout en chantant, en dansant et en trottinant. Et ledit cercle ne met pas de temps à s'agrandir avec des jeunes logés dans le même collège que nous. Même les ghanéens, visiblement un peu fatigués, se montrent sympathiques en participant à cette ambiance made in DR Congo ! Ce soir, nous avons tellement chanté et dansé. S'il faut ajouter les cris de joie, les trottinements... ça fait déjà beaucoup trop. La fatigue s'annonce déjà en nous. Cependant, ce sont les autres jeunes qui veulent que l'ambiance continue. Vous comprenez bien que nombreux ont manqué à la grande partie qui s'est déroulée dans les rues. Heureusement pour nous qui sommes déjà fatigués, le directeur du collège invite tous les jeunes à table pour le souper. Cette invitation est venue conclure cette ambiance électrique qui se termine enfin par des gros applaudissements et ovations unanimes des jeunes et même des responsables des délégations qui sont avec nous. Nous nous mettons par la suite en file comme à midi pour le souper. Après que je sois servi, je prends place autour d'une table où se trouvent des sud-soudanais, des indiens, des mexicains, et des congolais aussi. Pendant que nous prenons notre repas, nos voisins nous témoignent leur immense satisfaction pour notre initiative de la soirée. Quoi de plus beau chez Don Bosco que de voir des jeunes si joyeux! Les esprits sont encore aux anges ! Durant mon souper, je fais connaissance avec des nouveaux amis, des jeunes venus du Mexique et de l'Inde. Et je vous assure que c'est le même esprit qui se dégage : sourire, joie, envie d'apprendre, envie de se faire des amis... Bref le désir de découvrir la beauté de ce rendez-vous juvénile que nous accorde l'Eglise catholique romaine.

       Après le souper, je me repose un peu tout en bavardant avec mes nombreux amis. Quelques instants après, les garçons du Mexique invitent ceux de la République Démocratique du Congo pour un petit match de football loisir sur l'un des petits terrains de sport du collège. Avec plaisir, nous acceptons l'invitation. Les terrains du collège sont bien éclairés. Il est déjà neuf heures du soir. Pendant près d'une heure, nous nous livrons à une magnifique partie de football qui ne cesse de consolider nos liens de fraternité. A dix heures, tous les jeunes sont invités à se rassembler pour le mot du soir avant d'aller au lit. Et c'est le directeur du collège qui tient ce mot du soir. Un mot de bienvenu est également adressé à la délégation de la République Démocratique du Congo, arrivée en partie ce matin ; à celle du Ghana, arrivée ce soir ; et à celle de Californie / Etats-Unis qui vient d'arriver il y a à peine quinze minutes. Ainsi s'achève cette belle journée. Nous prenons le chemin de nos dortoirs respectifs pour le repos.

      Le lendemain matin, je me réveille bien avant et je profite pour prendre mon bain de bonne heure. C'est un dimanche. Dès les premières heures du jour, le soleil brille déjà. Dans les couloirs, je rencontre d'autres jeunes à qui j'adresse le « hola »[3], accompagné d'un joli sourire. Les accolades ne manquent pas à certaines occasions. Le petit déjeuner est en train d'être apprêté. Et pour ne pas m'ennuyer, je me mets à bavarder avec quelques amis d'abord dans la cour du collège, puis dans notre gymnase. Et à un moment donné, alors que je me trouve dans notre gymnase, j'entends des cris de joie. Bonne nouvelle : le second groupe de notre délégation vient enfin d'arriver. Sam, un des jeunes de notre délégation dont le passeport s'était égaré quand nous étions à Paris est aussi du nombre des arrivants. Il est très heureux. Il devait en principe voyager avec le premier groupe dont je fais partie. Son passeport a été retrouvé après notre départ de Paris. Nous les accueillons donc avec beaucoup de joie. Ils sont très fatigués. Ça se comprend ! Nous avons fait la même expérience bien avant eux. Imaginez-vous un voyage en autocar qui dure plus de vingt heures de temps, ajouté à cela une demi-heure en train. Pas facile ! Quelques temps après ces moments des retrouvailles, on nous fait savoir que le petit-déjeuner est prêt. Nous nous dirigeons vers le hall pour aller nous servir. Notre délégation est maintenant bien complète. Après le petit déjeuner, nous sommes invités à nous installer sur l'un des terrains de sport du collège pour la méditation de la parole de Dieu qui nous est proposée pour ce jour et également pour répéter quelques cantiques que nous devons chanter dans les heures qui suivent au cours de la célébration eucharistique. Cette activité est dirigée par le père directeur du collège hôte. Après ce rassemblement, notre délégation, la délégation du Ghana et celle de Californie sont invités cette fois-ci à découvrir le beau et prestigieux collège qui nous accueille. La salle de conférence, la salle de spectacle, les salles de classe, les bureaux, la bibliothèque, la chapelle... sont des lieux que nous visitons avec le père directeur du

---
[3] Formule brève d'accueil et de salutation en espagnol.

collège comme accompagnateur qui nous donne également à chaque instant quelques explications sur notre milieu d'accueil. A la fin de la visite, je suis très satisfait. Les infrastructures sont adéquates. Tout est réuni pour assurer une instruction fondamentale et solide à la jeunesse. Et par la suite, nous nous reposons pendant quelques minutes avant d'entrer dans la chapelle pour la célébration eucharistique dominicale. La chapelle porte le nom de Marie Auxiliatrice. La messe est si brillante et très bien animée par les jeunes. Pour l'homélie, trois prêtres sont choisis : le premier fait une prédication en espagnol, le deuxième en français, et le troisième en anglais. Cela se passe ainsi afin de permettre à tous les jeunes de comprendre le message de ce dimanche. Durant cette belle messe, nous chantons et prions avec joie et confiance. Et pour l'action de grâce, le père Cyril Odia, venu avec la délégation du Sud-Soudan, nous fait un excellent solo en anglais, jouant lui-même au synthétiseur. A la fin de la messe, avant de quitter la chapelle, une brève cérémonie de bénédiction des drapeaux des pays de provenance des délégations accueillies dans ce magnifique collège salésien Saint José de Guadalajara s'effectue. A la sortie de la chapelle, la joie s'agrandit davantage. Le soleil est vraiment au zénith. Les photos sont à l'honneur. Elles se prennent pratiquement dans tous les sens et un peu partout dans la cour. Sur les lèvres de tous luisent des jolis sourires comme ce soleil d'été qui luit sur nous. Quand le repas est servi, nous sommes invités à approcher à table. A chaque repas depuis notre arrivée à Guadalajara, je m'arrange pour prendre place sur une nouvelle table. Cette rotation me permet d'avoir à mes côtés des nouveaux visages qui éclatent instantanément en nouvelles amitiés à travers les sourires et conversations. A la fin du repas, je prends place aux côtés de quelques filles mexicaines : Sarahi, Mariana et Dalia, qui m'ont invité à passer la sieste avec elles sous le hall. La chaleur est toujours au rendez-vous. Plusieurs autres jeunes sont en train de jouer sur les différents terrains de sports. D'autres encore sont dans les dortoirs pour un petit repos. Moi, je passe mon après-midi à tisser des liens d'amitié en bavardant et en m'amusant avec des jeunes. Après des bonnes minutes de sourire et de bavardage, Sarahi m'invite à jouer avec ses copines au volley-ball. J'accepte volontiers l'invitation. Et en chemin vers le terrain, j'invite à mon tour quelques amis de mon pays pour que la partie soit encore plus attrayante. Ainsi, pendant environs trois quart d'heure, nous partageons des beaux moments autour du sport et du rire. Et par la suite, je prends un bon bain pour me rafraichir le corps.

      A trois heures de l'après-midi, notre délégation est invitée à se rendre dans une église située pas très loin du collège où nous habitons. A notre arrivée dans l'église, nous nous installons. Nous sommes invités à allumer nos bougies pour des moments de prières. Pendant près d'une heure, nous méditons sur la parole de Dieu, prions et chantons. A la sortie de l'église, Maria, notre guide, nous convie à explorer quelques bâtisses historiques de la ville. Nous visitons quelques lieux et monuments. Par la suite, nous nous dirigeons vers une salle de spectacle de la ville où la délégation du Pérou va jouer une comédie musicale dans quelques instants. A notre arrivée, nous entrons et prenons place. Quelques minutes après, le spectacle commence. La comédie est tellement belle. Personnellement, je l'admire. Elle retrace quelques aspects socio-culturels péruviens. Durant tout le spectacle, je ne cesse d'éclater de rire, tellement que la comédie musicale est belle et rigolote.

      A la fin de ce spectacle très émoustillant, nous recevons chacun un petit symbole souvenir du Pérou. La journée se poursuit. Nous allons nous rendre cette fois-ci sur une place publique située à deux pas du parc de la Concordia. Nous nous mettons en route. En chemin, nous poursuivons notre découverte de la ville. En ce moment, le parc vibre au rythme des préparatifs du grand festival de la jeunesse de ce soir. A notre arrivée à destination, nous y rencontrons un groupe des jeunes filles et garçons italiens très sympathiques. Ils font gracieusement de la peinture à eau sur les visages des jeunes désireux d'avoir une face bien maquillées pour le festival de ce soir. Ils nous proposent différentes peintures. Nous acceptons ainsi l'offre après appréciation de cet art que nous jugeons magnifiquement exécuté par eux. Au même moment, quelques italiennes demandent aux congolaises de leurs faire également des belles tresses similaires à celles qui sont sur leurs têtes. Elles offrent ainsi leurs têtes aux mains aussi talentueuses des congolaises. Le maquillage s'effectue déjà sur certains visages. Chacun attend son tour. Quand le mien arrive, je fais rapidement un croquis du choix de mon maquillage sur un papier. L'artiste me rassure que ce sera bien fait ! Je choisis à cet effet les couleurs rouge, bleu et jaune, couleurs nationales de la République Démocratique du Congo. Et sur mon front, je demande qu'il soit mentionné le diminutif de mon prénom : « CHRIS ». A la fin de mon maquillage, je prends une belle photo avec mon artiste et nous échangeons une accolade. En plus du maquillage, les italiens nous proposent aussi du jonglage avec des boules et pleins d'autres petits jeux pour se détendre. Et en attendant qu'il ne soit l'heure du début du festival, nous jouons au football sur la rue avec plusieurs autres jeunes venus de différents pays. Une forte délégation venue des Emirats Arabes Unis se joint également à nous pour un agréable moment de détente qui prend fin sous une ambiance remplie d'enthousiasme. Les jeunes sont les mêmes : créatifs, ambitieux, heureux… !

Et en début de soirée, nous traversons la rue pour nous rassembler dans le parc de la Concordia. Toutes les délégations accueillies dans ce diocèse y sont attendues pour ce grand festival de la jeunesse organisé la veille de la fin des journées en diocèse. Et comme nous sommes parmi les premières délégations à arriver au parc ce soir, nous choisissons une bonne place à proximité du podium installé pour la circonstance. Le parc est comblé de musique produite par d'impressionnants baffles placés à l'avant du podium. Les jeunes sont dispersés un peu partout dans l'ensemble du parc. Avant le lancement proprement dit du festival, nous savourons les casse-croûte apprêtés pour ce soir. A nos côtés se trouve le drapeau de notre pays. Un jeune homme nommé Trésor Babuya, congolais comme nous, nous rejoint. Il vient d'Italie où il effectue ses études de théologie. Il est prêtre en formation. Il accompagne un groupe des jeunes italiens venus de Parme. Nous l'accueillons parmi nous avec joie puis, nous l'invitons à s'installer à nos côtés pour toute la soirée. Quand nous finissons de savourer nos casse-croûte, le festival est lancé. Des représentations culturelles et artistiques des jeunes s'effectuent sur le podium. Parmi les jeunes se trouvent également des adultes, venus tous pour cette célébration festive très attrayante. Je constate en ce moment que mon maquillage ne passe pas inaperçu. A plusieurs reprises, je suis appelé par des jeunes et par moment par des adultes pour des compliments, pour quelques questions sur mon lieu de provenance, ou tout simplement pour la prise d'une photo. Quel bonheur! Mon maquillage est si impressionnant ! Je le constate moi-même aussi ! Et comme c'est pour la première fois de ma vie que je peints mon visage de la sorte, je suis très heureux en dépit des petits chatouillements que je ressens sur ma face. La soirée se poursuit agréablement. Plusieurs délégations ont déjà présenté quelque chose au public. Cependant, la nôtre n'est pas encore montée sur le podium. Nous nous concertons pour trouver quelque chose à présenter au public. Pas facile du tout ! Nous optons enfin pour une musique en vogue chez nous au pays et dont la danse est énergiquement rythmée. Le Brésil est à l'honneur pour le moment avec sa très belle capoeira. Nous admirons cette danse en même temps que nous nous apprêtons à investir incessamment le podium. Nous sommes aux aguets ! Une fois que le Brésil descend du podium, la République Démocratique du Congo y monte sous l'agréable son de cette musique qui lève la quasi-totalité de la foule. Plusieurs africains montent également sur le podium pour danser avec nous. Nous sommes environs soixante-dix sur ce podium. Quelle surprise ! Il n'y a pas que les congolais qui savent bien danser cette musique. D'autres jeunes africains également font des démonstrations éloquentes de danse de cette musique. Quelques adultes aussi sont de la partie. Le reste de la foule sympathise avec nous en dansant, en criant et en levant les bras. L'ambiance est électrique. Malheureusement pour nous, le nombre exagérément grand des jeunes qui sont montés sur le podium présente un danger pour cette structure métallique compte-tenu du rythme très mouvementé de notre danse. Et comme plusieurs jeunes sont ivres de joie, ils dansent un peu follement. Chose qui tend à virer au désordre. La dame qui assure la gestion de la manifestation nous invite gentiment à descendre du podium. C'est à moi qu'elle présente cette requête. Très clairement, je lui fais comprendre que cela n'est pas chose possible tant que la musique continuera à être balancée. Elle comprend donc ce qu'elle doit faire pour nous contraindre à libérer les lieux. Quelques secondes après, nous quittons le podium sous les ovations de la foule, satisfaits d'avoir bien dansé pendant plus de cinq minutes. Une fois dans la foule, nos frères et sœurs jeunes venant pratiquement de partout ne manquent pas de nous témoigner leur satisfaction après cette belle prestation. Un jeune garçon du Botswana, manifestement très satisfait par cette musique qu'il ne connaissait pas du tout auparavant n'hésite pas à en savoir plus sur celle-ci. Avec joie, il me tend son carnet dans lequel je grave aimablement les références de celle-ci. Je ne vous ai pas encore dévoilé de quelle musique s'agit-il. Il s'agit de « Malewa » du populaire artiste musicien congolais Werrason.

Les prestations continuent à se succéder par la suite avec des délégations de bien d'autres pays. Le public est très ému par la dimension multiculturelle des prestations des jeunes venant des quatre coins du monde. C'est une soirée riche en découverte !

Le festival tend à sa fin, il se fait déjà tard et il est temps de rentrer au collège. Maria, notre guide, nous rassemble et nous prenons le chemin de retour. Et malgré la fatigue, nous fredonnons quelques airs en chemin. C'est à onze heures du soir que nous arrivons enfin au collège. Avant d'aller me coucher, je lave mon visage encore couvert jusqu' alors de peinture.

Le lendemain matin, je prends mon bain de bonne heure. A l'heure du petit déjeuner, nous sommes invités à apporter tous nos bagages sous le hall. Nous passons nos dernières heures dans ce merveilleux collège. C'est le tout dernier jour des journées en diocèse. Le petit déjeuner terminé, nous nous dirigeons tous vers le parc de la Concordia où nous avons passé toute la soirée d'hier. Cependant, nous n'y allons pas pour poursuivre le festival mais plutôt pour la grande messe d'envoi en ce jour de la solennité de l'Assomption de la Vierge Marie. L'évêque de notre diocèse hôte est le célébrant principal. Je ne pourrais passer sous silence mon étonnement une fois que nous avons franchi l'entrée du parc. L'impressionnant podium où nous avons dansé et sauté durant toute la soirée d'hier a été transformé en autel. L'environnement a été assaini la nuit, alors que nous dormions paisiblement. Pas le moindre déchet des casse-croûte que nous avons grignoté hier ne traine au sol. La célébration de ce matin débute par la procession des drapeaux des pays des délégations accueillies dans ce diocèse. Nous participons à cette messe, assis par terre, sur la pelouse, comme le premier jour de notre arrivée. Mais seulement que cette fois-ci, nous sommes bien loin de l'autel.

La messe ne met pas beaucoup de temps. A la fin de celle-ci, nous saluons l'évêque qui nous accorde sa bénédiction apostolique. Nous quittons par la suite le parc et allons visiter la ville pour une dernière fois, accompagnés par Maria. Sous le chaud soleil dominical, nous parcourons la ville. Nous visitons des églises, des palais, des musées, des jardins, des bâtiments administratifs, des places publiques… Nous rencontrons également en chemin plusieurs jeunes avec qui nous avons passé la brillante soirée d'hier dont notre compatriote Trésor qui se joint encore une fois à nous. Ces rencontres sont des moments de compliments mutuels et d'affermissement de nos relations amicales et fraternelles. Et je me souviens encore de cette rencontre avec des filles venues du Burkina Faso dont je garde encore le nom de Marie Romaine, l'une de ces filles avec qui j'ai échangé mes contacts. Longtemps après une visite très fructueuse, nous rentrons au parc pour le grand rassemblement et le dîner. Et puisque nous sommes fatigués, affaiblis par le soleil, nous choisissons une place sous les bois pour nous asseoir et nous reposer. A nos côtés se trouvent des jeunes, nos amis. C'est déjà les adieux ! Quand le repas est prêt, tous les jeunes sont invités à le partager ensemble. Nous sommes tellement nombreux. C'est le tout dernier repas de nos journées dans ce magnifique diocèse. Toutes les délégations accueillies ici y sont conviées. Nous sommes vraiment nombreux. Et pour le service, c'est comme d'habitude, en file. Cependant aujourd'hui, c'est beaucoup plus dur. Nous par exemple, avons passé plus de trente minutes d'attente en file. Cela s'explique par le nombre impressionnant des jeunes accueillis ici. Les bois géants de ce magnifique parc nous sont d'une très grande utilité. L'absence de cette végétation aurait laissé compter plusieurs victimes des chaleurs brûlantes. Le thermomètre indique trente-cinq degrés Celsius de chaleur. Le repas est préparé par la police municipale qui s'occupe en même temps du service protocolaire avec assiduité et gentillesse, aidée par les volontaires. Nous sommes tous bien servis! Il y a assez de nourriture pour suffisamment rassasier toute cette foule. Ce qui explique que nous avons tous bien mangé. Et ce repas me met dans une situation agréable pour affronter le reste de la journée. Je fais ma sieste cet après-midi sur une banquette, sous les bois, assis aux côtés de quelques amis avec qui je bavarde paisiblement. Nous n'avons pas beaucoup de temps cet après-midi. Trente minutes est le timing qui nous est accordé pour la sieste.

Il est à présent temps de rentrer au collège pour prendre nos bagages et nous apprêter à prendre le chemin de la gare pour notre voyage vers Madrid. Nous reprenons aussitôt la route. Le soleil n'est toujours pas indulgent à notre égard. A notre arrivée au collège, je prends d'abord une bonne douche pour affronter en toute quiétude le reste de la journée dont nous ignorons encore le programme comme tel. A trois heures de l'après-midi, les premiers autobus arrivent et les premières délégations embarquent en direction de la gare où nous devons tous prendre le train pour Madrid. Avant de partir, nous échangeons quelques petits souvenirs avec ces jeunes qui nous ont permis de vivre la diversité culturelle, la joie, la charité, l'amour divin... Notre délégation et une partie de celle de l'Inde sont les toutes dernières à embarquer dans l'un de ces autobus venus nous prendre. Le directeur du collège et quelques jeunes espagnols nous accompagnent jusqu'au bas de l'autobus. Quel honneur !!! Arrivés à la gare, nous attendons pendant près de vingt minutes et par la suite, nous embarquons dans le train. Trente minutes de voyage vont suffire pour nous voir arriver à destination.

III.
LES JOURNEES MONDIALES DE LA JEUNESSE

A notre arrivée à Madrid, la gare est inondée de monde. Les délégations arrivent de partout. Le chef de notre délégation sort sa carte pour voir quelle ligne de métro nous devons prendre pour arriver au collège qui nous accueille cette fois-ci à Madrid. D'une minute à l'autre, un métro arrive. Nous y prenons place. Le trafic est tellement débordé. Les métros ne tardent pas à se remplir quand ils s'arrêtent. Par moment, ils arrivent exagérément remplis. Notre accompagnateur nous communique la référence de notre station d'arrêt. Une fois sur place, nous poursuivons notre route à la recherche de notre collège hôte. Et en chemin, nous recevons des souhaits de bienvenu de la part de quelques madrilènes.

Il fait très beau cet après-midi! L'atmosphère est trop belle, et le climat est doux. Nous avançons paisiblement. Certains jeunes sont déjà fatigués. Après quelques mètres de marche, le chef de notre délégation constate que nous nous sommes égarés de notre route. Il n'hésite pas à se renseigner auprès de deux dames âgées que nous rencontrons sur notre chemin. Celles-ci acceptent volontiers de détourner leur chemin initial pour nous conduire jusqu'au portail du collège où nous sommes attendus. Nous ne manquons pas d'adresser le « muchas gracias »[4] à ces deux dames. Nous voici à présent devant le collège Maria Auxiliadora. De la très belle musique est balancée dès que nous franchissons la barrière. Une jeune demoiselle volontaire des JMJ qui fait la speakerine nous adresse quelques mots d'accueil. A notre tour, nous levons les bras et poussons quelques cris de joie en signe de satisfaction pour cet accueil qui nous est réservé. Des jeunes demoiselles volontaires des JMJ viennent vers nous et nous installent sous le hall en attendant que le chef de notre délégation soit fixé sur le nécessaire concernant notre délégation. Notre drapeau est aussitôt hissé à l'entrée du collège comme le sont déjà ceux des pays arrivés bien avant nous dans ce collège. La délégation brésilienne est déjà là. Celle de l'Afrique du sud et du Swaziland également. Certains jeunes n'hésitent pas à venir vers nous pour nous souhaiter aussi la bienvenue et avoir des échos de notre voyage. Le premier jeune avec qui je bavarde longuement ici vient du Swaziland. Il est ougandais mais, il vit au Swaziland où il poursuit ses études universitaires. Et comme il parle français, nous conversons sur nos deux pays respectifs, sur nos études,

---

[4] Muchas gracias signifie grand merci en espagnol.

et sur la première phase des JMJ : les journées en diocèse. Et à propos des journées en diocèse, je comprends vite qu'il a également beaucoup apprécié les activités organisées dans le diocèse qui l'a accueilli. Nous n'avons pas du tout fini de bavarder quand on nous fait savoir que la logistique pour la délégation congolaise est prête. Nous sommes invités à monter les marches du bâtiment du collège pour investir les locaux réservés pour nous. Chacun de nous se choisit une place où il pose son sac de couchage et ses bagages. Le chef de notre délégation nous invite par la suite à nous réunir afin de nous communiquer les règles du collège et quelques mesures d'ordre à observer. Nous recevons chacun un sac de pèlerin dans lequel se trouve toute la documentation nécessaire pour ces JMJ. Un bracelet gravé du sigle MSJ (Mouvement Salésien des Jeunes) en cinq langues différentes est remis à chacun de nous. Il fait office de badge d'entrée dans l'enceinte du collège. D'où chacun de nous est invité à le garder précieusement.

Un temps suffisamment long après, alors que nous nous apprêtons à descendre pour aller prendre un bon bain, nous entendons des ovations à l'extérieur. Nous nous dirigeons vers la fenêtre de notre local d'où nous apercevons la délégation angolaise qui effectue son entrée dans l'enceinte du collège. La délégation angolaise est forte de plus de cent jeunes, accompagnés de quelques adultes, tous vêtus d'un dessus en pagne aux couleurs nationales angolaises. Nous leur transmettons depuis notre local à travers la fenêtre notre marque de sympathie en signe d'accueil. Par la suite, nous descendons pour aller prendre notre bain. Une fois au rez-de-chaussée, nous saluons tout d'abord de plus près nos frères angolais. Ils sont également contents de nous voir. En bavardant avec quelques angolais, je découvre que dans leur délégation, quelques jeunes parlent parfaitement lingala. Ils me font même savoir que certains jeunes angolais ont vécu dans mon pays à un moment de leur vie. J'apprends même qu'un des jeunes de leur délégation a la nationalité congolaise. Quel plaisir de vivre la joie qui nous anime en cet instant ! Et pendant que les uns bavardent et s'éclatent, un petit nombre des jeunes angolais et congolais montent sur le terrain de basket-ball pour un match amical. L'Angola est un grand pays du basket-ball ! Les jeunes congolais le reconnaissent en toute sincérité ... Alors que nous nous plongeons dans la soirée, la chaleur atmosphérique se met à augmenter. Il est temps pour nous d'aller à présent dans les douches. Les angolais sont quant à eux invités à investir à leur tour leurs locaux. Une fois dans les douches, nous constatons que des tuyaux, il sort une eau d'une fraîcheur qui frise la gelée. Il n'est pas facile pour plusieurs parmi nous de supporter cette eau trop froide inhabituelle pour un bain. Nombreux reportent même leur bain à une prochaine occasion, dans l'espoir d'avoir une eau chaude ou beaucoup moins froide que celle-ci. Quant à moi, je suis du nombre de ceux-là qui acceptent de braver la fraîcheur de cette eau madrilène. Le début est très difficile ! Je constate par après que cette eau procure une saine fraîcheur sur la peau, surtout quand la pression est bien forte. Je quitte après quelques minutes les douches, non pas gelé mais plutôt bien rafraîchi et agréablement assaini, très satisfait d'avoir pris un bain que je qualifie d'inoubliable. Nous remontons par la suite dans notre local pour nous apprêter afin d'aller prendre notre souper dans un restaurant. Vous vous demandez assurément pourquoi allons-nous manger dans un restaurant au lieu de souper au collège même. En effet, l'équipe organisatrice des JMJ a prévu trois types d'inscription. Il y a une inscription avec hébergement plus repas durant toute la semaine, une inscription avec repas seulement durant toute la semaine, et également une inscription avec hébergement plus repas le week-end uniquement. Nous, nous avons le premier type d'inscription. Les petits déjeuners sont à prendre dans notre centre d'accueil qu'est le collège, et les dîners et soupers dans un restaurant au choix, parmi bien entendu ceux qui sont retenus pour les pèlerins. Ces restaurants réservés aux pèlerins se comptent à plus de six mille dans la région de Madrid. Des délicieux repas repartis en menu du pèlerin sont réservés à des milliers de pèlerins, à la présentation d'un chèque repas. Et pour prendre l'autobus et le métro, nous avons des cartes d'abonnement de transport JMJ, lesquelles sont valables soit pour trois jours, soit pour sept jours. Les nôtres le sont pour sept jours.

Alors qu'il sonne huit heures et demie du soir, nous quittons le collège en quête d'un restaurant. Quelques mètres de marche suffisent pour apercevoir un tout premier dans lequel nous entrons. Le menu que l'on nous propose ici est essentiellement de type fast-food. A tour de rôle, nous passons chacun sa commande en tenant compte des goûts et préférences personnels. Les premiers repas sont servis quelques minutes après la commande. Et pour le reste, la restauratrice nous annonce qu'il n'y a plus de mets. Le lot de ce jour vient de s'épuiser. J'ai déjà les paupières lourdes de fatigue et en même temps, j'ai grandement faim. Les restaurants se trouvant aux environs viennent de fermer leurs portes. Plus rien à faire, nous sommes obligés de rentrer au collège pour nous reposer parce que la barrière doit être fermée au plus tard à dix heures du soir. Les visages deviennent pâles. Après plusieurs minutes d'attente, nous repartons enfin sans souper. Heureusement pour nous, sur notre chemin de retour, nous tombons sur un restaurant qui est encore ouvert. Dans celui-ci se préparent des pizzas. Comme quelques minutes auparavant, nous passons chacun sa commande et trois quarts d'heure au maximum plus tard après, nous sommes tous servis. Cependant, comme l'heure limite approche, nous emportons nos pizzas pour aller les manger dans l'enceinte du collège, assis au bord du grand terrain de sport situé en avant. A la fin de mon souper, je remonte dans notre dortoir pour dormir. Mais bien avant de fermer l'œil, je passe mon temps dans les couloirs en compagnie des amis pèlerins. A l'approche de minuit, la responsable du collège et quelques volontaires nous invitent à entrer dans nos dortoirs respectifs pour le repos. Les lumières sont par la suite éteintes dans les couloirs et dortoirs.

    Le lendemain matin, je me réveille de bonne heure. Nous avons bien dormi, à part la chaleur nocturne qui nous a un peu agacés toute la nuit durant. Nous avons passé la nuit avec les fenêtres grandement ouvertes. Je profite de mon réveil très matinal pour réveiller quelques-uns qui sont couchés à mes côtés avec qui je descends pour aller prendre le bain. La fraîcheur de l'eau n'a pas changé. Dommage pour les amateurs des bains chauds ! Après le bain, nous remontons dans notre dortoir pour réveiller ceux-là qui dorment encore. Par la suite, nous nous mettons à assainir notre chambre. A l'heure du petit déjeuner, je prends mon bon de repas pour aller retirer ma nourriture dans le hall où s'effectuent les services. Et Pendant que je savoure mon petit déjeuner, je continue ma conquête d'amis. Et ce qui me plaît le plus est cette disponibilité des uns et des autres à s'accorder un peu de temps pour s'écouter fraternellement en dépit des barrières de langues. Mais la cerise sur le gâteau est l'effort personnel fourni pour comprendre l'essentiel du message. Et dans cela, je me retrouve !

A la fin du petit déjeuner, nous sommes invités à entrer dans la belle chapelle du collège pour la prière et la méditation qui se passent essentiellement en espagnol, mais avec quelques prières en français, en anglais, et en portugais. Et avant de quitter la chapelle, une cérémonie de passage sur nos têtes d'étoffes de différentes couleurs, chacune représentant un continent de notre planète, nous est présentée. Cette cérémonie est en signe d'accueil et d'unité.

Après cette activité, nous sommes invités à découvrir la ville hôte des JMJ. Le thème de ces JMJ est : « Enracinés et fondés en Christ, affermis dans la foi ». Chaque délégation prend son chemin. Dans la nôtre, tous nous sommes vêtus d'un t-shirt jaune gravé du logo des JMJ 2011. Sur nos dos sont posés nos petits sacs de pèlerin aux couleurs rouge et or. Et pour se protéger du chaud soleil d'été, nous avons des chapeaux et des éventails. Après environs quatre cents mètres de marche, nous nous arrêtons au bord d'une grande artère de la ville pour attendre l'autobus. Et durant cette attente, le chef de notre délégation a les yeux plongés dans sa carte de la ville de Madrid. Quand le premier autobus arrive, nous ne sommes pas encore bien fixés sur notre destination. Encore un peu de patience, nous dit notre accompagnateur. Nous prendrons le prochain. Trois minutes après, un autre autobus s'arrête devant nous. Nous y prenons place.

Nous voici à présent en plein chemin vers le cœur de la ville. C'est notre première exploration de Madrid. Quel bel aspect a-t-elle ! Son rythme de vie est imposé par les jeunes venus en délégations nombreuses du monde entier. Des grands panneaux, affiches et calicots observables un peu partout dans la ville témoignent de la grandeur de l'évènement qui règne dans cette belle agglomération au soleil d'été si brûlant. Et chemin faisant, toujours dans notre autobus, une dame américaine, venue à Madrid pour accompagner son fils aux JMJ et vivre elle-même également cet évènement, se montre très joviale à notre endroit. Elle est toute aux anges de voir des jeunes si brûlant d'envie de savourer cette rencontre juvénile. Et quand nous lui disons de quel pays nous venons, elle se montre encore plus heureuse de voir des jeunes venus fraîchement d'Afrique. Et pour nous témoigner sa joie, elle offre à plusieurs jeunes de notre délégation dont à moi-même, des parures américaines qu'elle prend le soin de faire porter de ses propres mains à chacun. Par la suite, nous avons une séance photo et vidéo très passionnante. Sincèrement, la gentillesse de cette dame m'a tellement ému! Notre maman américaine n'est pas la seule à nous témoigner sa joie dans l'autobus. Plusieurs autres personnes nous adressent leur satisfaction de nous voir. Nous leur témoignons également le même sentiment.

Nous venons d'arriver à notre destination, le centre-ville. Les jeunes pèlerins se promènent généralement en groupe, le sourire permanent aux lèvres, la joie dans le cœur et la totale disponibilité à donner de leur temps pour immortaliser les rencontres. Et chaque fois que deux groupes venant des différents points du monde ou pas se rencontrent, il se dégage des grosses étincelles de joie et d'amour. Il me paraît quand même difficile de décrire exactement de manière écrite ce sentiment profond d'enthousiasme que personnellement je ressens chaque fois que nous nous nous arrêtons pour saluer, bavarder, sourire, serrer dans nos bras, donner des autographes, offrir de petits cadeaux souvenirs, échanger nos contacts, prendre des photos... avec des jeunes que nous ne connaissions pas du tout auparavant. Et tout ceci, au nom de la « Jeunesse. » Et c'est juste dix minutes après notre arrivée sur cette place publique inondée des jeunes que je tiens ma première interview. En effet, alors que nous admirons l'environnement impressionnant dans lequel nous nous trouvons, un monsieur tenant un micro et un baladeur dans ses mains s'approche de moi, me transmet ses chaleureuses salutations et me pose quelques questions sur mon pays d'origine et mes premières impressions sur ces JMJ. Ce reporter travaille pour une chaîne de radio madrilène. Pouvez-vous imaginer l'allégresse qui est la mienne pendant que je réponds aux questions qui me sont posées ! Ainsi donc, cette matinée en terre madrilène est chaleureuse, conviviale, caractérisée par des nombreuses rencontres joyeuses, des visites historiques, des promenades inoubliables... au point que le soleil brûlant nous oblige à faire quelques fois des arrêts en plein centre-ville pour y installer momentanément nos quartiers généraux. Et à midi, nous décidons d'aller prendre notre dîner. Le choix d'un restaurant n'est pas si facile vu que nos goûts et préférences sont différents d'une personne à une autre. Cependant, il n'est pas souhaitable que chacun emprunte sa route à la recherche de son menu favori du jour. Nous optons tous enfin de compte pour un grand restaurant de réputation mondiale, apprécié particulièrement par les jeunes pour ses spécialités de très bon goût. Le responsable de notre délégation remet donc à chacun son bon de repas pour la commande du dîner que nous dégustons avec appétit. Par la suite, nous prenons un peu de temps de sieste, assis en train de bavarder, avant de reprendre notre route en direction du collège pour une activité culturelle qui précédera la grande soirée inaugurale des JMJ 2011.

De retour au collège, je prends avant tout une bonne douche froide pour me rafraîchir le corps avant de vaquer paisiblement à la poursuite de ma conquête d'amis. Les autres jeunes qui habitent avec nous sont également revenus. A trois heures de l'après-midi, toutes les délégations accueillies dans notre collège hôte sont invitées à prendre place dans la cour du collège pour le début des activités culturelles réservées à la danse et à la chorégraphie typiques aux pays de provenance des délégations hôtes. Mais avant cela, un petit exercice ludique consistant à faire une représentation d'une bâtisse historique d'Espagne est confié à chaque délégation, à présenter à tous tout au début des activités culturelles. Ces activités sont des moments de découvertes culturelles admirables et inouïes. A la fin, nous recevons chacun un petit présent souvenir du collège.

Il est à présent l'heure de s'apprêter pour se rendre dans les minutes qui suivent à la place de Cibeles où l'archevêque de Madrid va célébrer la messe d'ouverture des JMJ 2011. A cinq heures, nous quittons le collège, toujours vêtus aux couleurs des JMJ 2011, le dos portant ce joli sac qui contient la riche documentation et bien d'autres objets nécessaires pour un bon pèlerinage. Nous sommes en chemin. Les lignes de métro sont pleines de monde qui se dirige tous vers une destination commune. Tout le monde a le sourire aux lèvres, la joie d'être présent à Madrid pour vivre le lancement officiel de ces JMJ. Les jeunes chantent et manifestent une ambiance de convivialité qui ne peut laisser indifférente aucune âme humaine. A notre arrivée sur les lieux, je me sens transporter dans un décor que je n'imaginais pas comme tel auparavant. Il y a tellement de monde. Je n'ai jamais vu de toute ma vie une foule de monde si immense. Et au regard de cette foule humaine, je frissonne de joie, d'étonnement, et d'un sentiment intérieur que moi-même, je ne comprends pas. Dans le ciel bleu ensoleillé flottent une diversité des drapeaux des pays, des groupes chrétiens, des provinces, des villes... Plusieurs langues se parlent également. Les langages du sourire et de la sympathie sont vraiment présents. C'est le cas d'une formule très ingénieuse appliquée par plusieurs jeunes, consistant à marquer sur le devant de leurs t-shirt « free hugs » qui se traduit par « libres étreintes » ou « give me a smile » qui veut dire « souris-moi ». La première formule est très populaire. Gyrhaiss, un des jeunes de notre délégation en est un grand fan ! Ah oui, c'est tellement beau à voir et à appliquer au point que moi-même, je me livre à cette créativité juvénile! « Where are you coming from ? » qui signifie « d'où venez-vous ? » Et « We can change the flag? » qui veut dire « Pouvons- nous échanger les drapeaux ? » Sont là deux questions parmi tant d'autres que nous ne cessons d'entendre dans nos oreilles durant notre pèlerinage. Et aujourd'hui, ces questions battent le record de popularité. Avec donc plaisir et enthousiasme, nous répondons : RD Congo. Et nous reposons la même question également. Mais quant à échanger nos drapeaux contre ceux des autres pays, cela est quand même difficile vu que nous en avons à peine quelques-uns pour l'identification de notre délégation. Dommage ! Mais le monde est merveilleux ! L'autel où va être célébrée la messe se trouve loin de nous, à environs un millier de mètre de l'endroit où nous nous trouvons. Des écrans géants et des baffles gigantesques sont placés le long des rues environnantes de la place de Cibeles, lesquels permettent aux pèlerins de vivre l'évènement comme s'ils se trouvent au pied de l'autel. Malgré cela, nous décidons quand même de nous rapprocher un peu vu qu'il y a encore quelques mètres devant nous. Cela nous permet d'en gagner plusieurs encore. Nous choisissons un endroit en pleine rue où nous établissons notre quartier général. Une équipe des journalistes vient après notre installation pour une interview accordée au chef de notre délégation. Les reporters de bien d'autres médias du monde sont également présents et accordent des interviews aux pèlerins. Les quelques drapeaux de la RD Congo que nous avons sur nous permettent d'identifier notre pays. Toutefois, ceux-là qui ne connaissent pas notre pays le découvre par cette occasion en posant des questions. Nous également, nous nous livrons à cet exercice quand nous n'arrivons pas à lier un drapeau à son pays, à sa ville, à son groupe ou mouvement... De la très belle musique populaire est balancée et les jeunes sont tellement émoustillés au point qu'ils chantent à l'unisson, poussent des cris de joie et applaudissent. Et pour l'animation des pèlerins en attendant le début de la messe d'ouverture, des jeunes parlant différentes langues défilent à tour de rôle sur un podium, invitant les jeunes à hausser la température de la forte ambiance qui règne déjà. Trois hélicoptères assurent au même moment la sécurité des pèlerins depuis les airs. A terre, la police et l'armée abattent un travail titanesque que je ne manque d'apprécier. Egalement, les volontaires des JMJ, majoritairement très jeunes, sont là avec les pèlerins. La proximité charismatique des volontaires nous aide à vivre pleinement cet évènement exceptionnel. Je vous assure que j'avais le cœur brûlant de joie quand j'ai vu des jeunes, vêtus d'un t-shirt de couleur verte claire sur lequel est marqué « voluntario », courir dans tous les sens possibles pour nous venir en aide chaque fois que le besoin l'exigeait. Et cela, pas seulement lorsque nous sollicitons leur aide. Ils sont tellement attentionnés au point qu'ils détectent souvent par eux-mêmes les inquiétudes qui sont les nôtres.

Il fait très chaud cet après-midi. Les cas de déshydratation et évanouissement sont très courants. Les volontaires se chargent avec cœur à nous alimenter en eau. Quand nous vidons nos bouteilles, ils n'hésitent nullement à nous en donner d'autres. Et quand il n'y a plus de bouteilles, ils se donnent la peine de collecter nos bouteilles pour aller puiser pour nous de l'eau. Ils sont vraiment les premiers à accourir vers les pèlerins en cas d'inquiétude de ceux-ci, et cela avec un dévouement très délicat. Ensemble avec l'armée et la police, ils effectuent un véritable travail de qualité.

La messe d'ouverture est prévue pour sept heures du soir. Trois quarts d'heure avant son début, trois pèlerins de notre délégation et moi-même, décidons de gagner encore un peu plus de distance vers l'avant vu que nous voulons que nos drapeaux soient aussi visibles parmi les nombreux drapeaux qui flottent loin devant nous. Nous sommes plus de deux millions dans les rues. Pas facile du tout de s'insinuer dans une telle foule pour progresser. Mais désireux d'honorer notre chère patrie, nous nous remplissons de courage et prenons la route. Chemin faisant, nous rencontrons des jeunes ayant envie de savoir à quel pays nous appartenons. Et nous n'hésitons pas à répondre avec joie. Nous rencontrons même sur notre chemin des jeunes avec qui nous avons passé des beaux moments à Guadalajara lors des journées en diocèse. Quelle joie ! Notre progression dans ces rues pleines de monde n'est pas du tout facile ! A un certain moment, nous enjambons même gentiment certaines barrières internes érigées pour limiter les mouvements des pèlerins parce que étant trop nombreux dans les rues. Et à force d'avancer péniblement, j'ai l'impression que je vais m'étouffer. Une brève bousculade survient même à un moment donné dans une zone parce que plusieurs jeunes veulent en même temps gagner quelques mètres en plus, comme mes copains et moi le faisons déjà. Heureusement que les jeunes décantent par eux-mêmes la situation en s'imposant des mesures disciplinaires limitant les déplacements dans certaines zones déjà remplies de monde. Cependant, ces mesures ne nous empêchent pas de continuer notre chemin sur des voies encore assez disponibles. Alors que nous venons à peine de nous sortir de cet étouffement, j'aperçois trois jeunes filles qui accourent vers nous et se jettent dans nos bras. Elles sont toutes congolaises, venues de Kinshasa. Elles nous font savoir qu'elles ont repéré au loin notre drapeau, et elles ne sont pas restées indifférentes. Alors qu'il y a quelques minutes que nous décidions de progresser vers l'autel, elles à leur tour empruntaient le chemin inverse pour venir à notre rencontre. Ce geste que j'estime très patriotique et aimable me secoue fortement le cœur, et me remplit d'une grande émotion. Et d'un heureux hasard, je reconnais l'une d'elles qui est jeune sœur à un ami que j'ai connu au collège Saint François de Sales à Lubumbashi. Quelle chance ! Les filles, comblées de joie, nous invitent même à venir participer à des journées culturelles sur le cinquantième anniversaire de l'indépendance de la République Démocratique du Congo qui se tiendront par leur groupe dans une salle d'exposition de Madrid du mercredi au vendredi, de dix-sept heures à vingt et une heures. Nous acceptons l'invitation tout en promettant de participer à ces journées que si le temps et surtout nos programmes le permettent. Elles nous font également savoir que la chorale Monseigneur Luc Gillon, une prestigieuse chorale de la paroisse universitaire Notre-Dame de la Sagesse de Kinshasa, tiendra un concert à la paroisse Santa Barbara de Madrid le mercredi à neuf heures et demi du soir. Cette rencontre que nous avons eu avec ces filles n'est pas la seule de la journée avec des compatriotes. Bien avant, nous avons rencontré en chemin le frère Ruffin, religieux en formation en France.

Nous avons aussi rencontré un prêtre missionnaire au Japon, accompagnant un groupe des jeunes japonais. Je vous assure que rencontrer un des siens à l'extérieur du pays procure une grande chaleur au cœur. Nous nous rencontrons pour la plupart la première fois mais l'esprit d'entente qui nous caractérise est tellement fort au point que personne ne peut s'imaginer à simple vue que nous venons à peine de faire connaissance.

La messe va débuter d'une minute à l'autre. A proximité de la barrière de sécurité se trouvant à quelques mètres en face de nous, nous constatons qu'il y a encore un peu de place pour contenir cinq personnes. Nos sœurs et frères venus de Kinshasa ont une place pas très loin de là. Les filles regagnent en ce moment leur quartier général où se trouve le reste du groupe que nous rencontrerons plus tard à la fin de la messe. Nous nous installons dans un coin. A nos côtés se trouve un petit groupe des jeunes, accompagnés de deux encadreurs. Nous constatons par la suite qu'ils sont francophones comme nous. Ils sont tous français. Nous bavardons pendant quelques minutes. La joie et la satisfaction sont lisibles sur nos visages. Quelques minutes après cette brillante conversation débute la messe de l'ouverture officielle des JMJ 2011. Le célébrant de celle-ci est Monseigneur Antonio Maria Rouco Varela, Cardinal-Archevêque de Madrid. Nous sommes debout sur l'asphalte. Le soleil n'est plus si brillant de chaleur vu que nous entamons les premières heures de la soirée. Quelques pèlerins, certainement un peu fatigués, sont assis par terre. Et moi, comme je suis au bout d'une barrière de sécurité, je m'y appuie quand je me sens aussi un peu fatigué. La messe est célébrée en espagnol. L'organisation des JMJ a prévu également des retransmissions par la voie des ondes. Cependant, même si nous ne parlons pas espagnol, nous pouvons suivre la liturgie grâce à nos bréviaires imprimées en français. Et à l'heure de l'homélie, l'une des accompagnatrices des jeunes français qui sont à nos côtés se charge de la traduction. Quelle bénédiction ! Et chaque fois qu'un message fort est ressenti par les pèlerins, ils l'approuvent unanimement par des vives acclamations et cris de joie. Et à l'heure de l'eucharistie, nous ne connaissons aucune inquiétude. Des prêtres se chargent de la distribution de la communion. Ils sont tellement nombreux, provenant des pays différents, repartis pratiquement dans tous les coins et recoins où se trouvent les pèlerins. On annonce également aux pèlerins que sur l'autel, se trouve une relique du bienheureux Jean-Paul II, annonce qui suscite l'immense joie et l'allégresse des jeunes. A la fin de la messe, nous rencontrons les autres jeunes de la délégation de Kinshasa. Nous échangeons nos contacts et prenons quelques photos souvenirs. Par la suite, nous empruntons la route de retour pour rejoindre le reste de notre délégation qui nous attend pour que nous puissions rentrer ensemble au collège après cette magnifique cérémonie d'ouverture. Une fois tous réunis, nous nous dirigeons vers une entrée de métro. Malheureusement, elle est tellement pleine de monde. Nous décidons d'attendre un peu que le nombre des personnes diminue pour éviter des bousculades. Et pour ne pas être simples spectateurs, nous prenons la résolution de recréer notre ambiance comme le premier jour de nos journées dans le diocèse de Siguënza-Guadalajara. Cependant, comme cette fois-ci la délégation est complète, nous sommes en mesure de faire encore beaucoup plus de bruits. Les chants, cris de joie, petit jeux, trottinements … que nous exécutons avec fierté nous attirent encore une fois beaucoup d'admirateurs qui n'hésitent pas à rejoindre nos rangs. Ce spectacle dure plus d'une demi-heure. Et une fois que nous pouvions gagner le métro sans beaucoup trop d'encombrements, nous sommes partis. En chemin, c'est la fête qui continue. Les jeunes sont heureux, très enthousiastes. C'est vraiment beau ! Quand nous arrivons dans notre quartier, nous nous dirigeons d'abord au collège pour nous décharger de nos bagages et par la suite, nous prenons la route du restaurant pour le souper. Cette première journée des JMJ n'est que le début de cette grande fête de la foi qui est la raison même de ce voyage lointain pour nombreux des pèlerins. Et avant de clôturer cette soirée inoubliable, je prends mon bain. Et le reste de temps, je le passe en compagnie de mes compagnons du collège jusqu'à l'heure du repos.

    Le lendemain matin, je me réveille de très bonne heure comme d'habitude. Seulement qu'aujourd'hui, j'ai l'impression que je suis encore un peu fatigué bien que je me sois réveillé déjà. Le programme de la journée s'annonce encore plus costaud que celui d'hier. Je fais quand même un effort pour réunir mes forces. Après le bain et le petit-déjeuner, nous entrons dans la chapelle pour la prière matinale. La matinée de ce jour, nous sommes invités à participer aux sessions de catéchèse animées par des évêques venus pratiquement du monde entier. Ces sessions sont organisées dans les églises, collèges, auditoriums et palais omnisports de Madrid. Et pour permettre aux jeunes de bien suivre ces sessions catéchétiques, les pèlerins sont repartis en plusieurs groupes linguistiques. Notre groupe est invité à suivre la catéchèse dans une église se trouvant à une bonne distance de notre collège, à Atocha. Après donc la prière matinale, nous prenons la route en direction de l'église où nous devons suivre notre catéchèse. En chemin, nous avons la chance de découvrir quelques places touristiques qui sont recommandées aux pèlerins de visiter durant leur séjour à Madrid. Plusieurs minutes de route après, nous arrivons enfin devant l'église où nous devons suivre notre session de catéchèse. Des jeunes volontaires assurant le service protocolaire nous accueillent et nous conduisent jusqu'à l'intérieur pour nous installer. L'église est déjà bien pleine de monde. Tous les bancs sont occupés. Nous sommes donc invités gentiment à nous assoir par terre. Les autres jeunes qui arrivent après nous viennent nous rejoindre là où nous sommes installés. Et sans hésiter, nous nous asseyons par terre. La catéchèse a déjà débuté. Elle est tenue par un évêque français. Et pour permettre aux jeunes de se réconcilier avec notre créateur, il y a plusieurs prêtres, un peu partout dans les coins de l'église, qui assurent la confession en même temps que la catéchèse se donne. Les jeunes sont nombreux à aller se confesser. Il y a quand même belle lurette que je me suis confessé. C'est donc une belle occasion pour moi, surtout pour bien effectuer mon pèlerinage. Cependant, il n'est pas facile du tout de trouver un prêtre libre. Cela s'explique par l'affluence des jeunes pèlerins qui vont se confesser. Je demande ainsi à une volontaire de m'avertir une fois qu'un prêtre sera disponible. Et quelques instants après, elle m'appelle pour m'orienter vers l'un d'eux. Devant mon confesseur, je reçois ses salutations chaleureuses et quelques questions sur mon pays de provenance. Ensuite il me demande de considérer ce moment comme un entretien amical. Je suis assis en face de lui, mes yeux dans les siens, et je me confesse. Nous parlons pendant plusieurs minutes. Cette confession est très réconfortante pour moi. Elle est l'un des souvenirs dorés que je garde dans les profondeurs de mon cœur jusqu'à ce jour. De retour à ma place, je poursuis les enseignements. Il fait très chaud. Nous avons même l'autorisation de boire de l'eau en pleine église pour éviter les déshydratations. Certains se dirigent déjà vers l'extérieur pour souffler un peu en attendant la célébration eucharistique. Et ainsi, un pèlerin me cède sa place sur un banc situé proche de moi. Je prends place à côté d'un groupe des jeunes filles venues de l'île de la Réunion. La catéchèse vient de prendre fin et un service de collecte des questions est mis en place pour recevoir des réponses de l'évêque par la suite. C'est également un moment de pause. Je fais à présent connaissance avec Cazal Margaux, une charmante jeune fille de quinze ans venue de l'île de la Réunion avec qui j'engage une conversation inoubliable. Nous parlons un peu de tout : de nos deux pays respectifs, de nos cultures, de nos projets de vie, de nos préférences personnelles, de notre foi chrétienne catholique, etc. Ma nouvelle amie, ravie d'avoir fait ma connaissance, manifeste le vœu de venir visiter mon pays. Elle m'invite aussi à venir découvrir un jour sa chère terre natale. Nous échangeons ainsi nos contacts et souvenirs. Par la suite, nous prenons part à la célébration de l'eucharistie avant de nous séparer. Et à la sortie de l'église, nous rencontrons quelques jeunes congolais avec qui nous échangeons des chaudes embrassades. Avant de retourner au collège, nous allons dîner dans un restaurant, le même que celui d'hier à midi. Cet après-midi, nous sommes invités à participer à la grande fête qui va réunir tous les jeunes du mouvement salésien venus à Madrid. De retour au collège, je prends un bon bain et par la suite, je me mets à attendre l'heure de départ. Ainsi, je profite pour prendre un peu d'air, assis par terre avec les amis en train de bavarder. La tenue de fête pour tous les jeunes du mouvement salésien est un t-shirt de couleur bleue.

La fête va se passer à Atocha, dans un grand collège salésien. Bien avant cela, une rencontre du Recteur Majeur des salésiens de Don Bosco, le Père Pascual Chavez et de la Mère Générale des filles de Marie Auxiliatrice, la Sœur Yvonne Reungoat avec des jeunes représentants le mouvement salésien des jeunes de chaque pays présent est prévue. Gyrhaiss, un des jeunes de notre délégation, est notre représentant. Et pour cela, il nous y a précédés depuis le matin. A notre arrivée à Atocha, nous entrons tout d'abord dans une église pour un recueillement et par la suite, nous sommes invités à nous rendre dans la grande cour du collège où la fête a déjà débuté avec le grand festival. Et à la sortie de l'église, je rencontre un jeune américain qui porte sur lui la bannière étoilée. Moi, je porte sur mes épaules le charmant drapeau de mon pays. Accompagné d'un ami congolais qui se nomme également Christian comme moi, je crée avec ce jeune américain un symbole de fraternité en faisant flotter à l'unisson et côte à côte nos deux drapeaux. Une brève ambiance très fraternelle qui attire l'attention de plusieurs pèlerins au point que l'un des caméramans qui assure la couverture médiatique de cet évènement nous demande même quelques secondes après de refaire ce geste si impressionnant pour qu'il capture cette image-là. Au grand portail du collège se trouvent quatre policiers qui sont chargés d'un petit contrôle pour la sécurité des fêtards. Après donc ce contrôle, nous entrons dans la vaste cour du collège. La chaleur atmosphérique frise la canicule. Des dispositifs qui émettent des jets d'eau sont placés un peu partout pour égoutter les pèlerins afin qu'ils ne meurent de chaleur. Il y a également quelques robinets où nous pouvons puiser de l'eau potable pour nous désaltérer. Des kits de repas sont également apprêtés pour chacun de nous. La cour est rayonnante d'allégresse. Des nombreux baffles placés pour la circonstance produisent de la très bonne musique. Les cris de joie des jeunes en liesse sont perceptibles de toutes parts. Il y a plein de monde. Un imposant podium est dressé par-devant de la scène où plusieurs groupes des jeunes, enregistrés bien avant, passent un par un pour présenter à l'assemblée un spectacle. Au même moment, je me livre avec quelques amis à une belle partie d'autographes, des photos, d'échanges des petits présents... en signe de souvenir et de création des nouvelles relations amicales. A cette occasion, nous rencontrons plusieurs jeunes avec qui nous étions à Guadalajara lors des journées en diocèses. C'est une véritable joie de se revoir après des moments fantastiques passés ensemble. Et dans la soirée, nous avons une veillée de prière, un pré-cours de réflexion et spiritualité sur le thème même des JMJ. Cette grande fête est couronnée par l'adoration eucharistique et clôturée par le mot du soir prononcé par la Sœur Yvonne Reungoat et le Père Pascual Chavez. Quelle merveilleuse fête ! Cependant, comme la journée a été très mouvementée, je me sens très fatigué durant les dernières minutes de ce grand rendez-vous festif. A la fin de cette journée de grande haleine, nous reprenons notre route comme tous les autres, en direction de notre lieu d'hébergement. Et en chemin, certains se plaignent déjà de fatigue intense. Un peu de courage, et nous arrivons enfin chez nous. Après avoir déposé nos bagages, nous nous rendons dans le restaurant le plus proche pour le souper. Ce soir, j'ai eu à mesurer le sens d'un pèlerinage. Pas si facile comme je le croyais ! En effet, nous passons des journées entières pleinement chargées. Et un tel programme journalier nécessite des suffisantes heures de repos. Nous avons encore plusieurs jours de pèlerinage à affronter mais nombreux se plaignent déjà de fatigue. Bien avant donc qu'il ne fasse tard, je me rends dans notre dortoir pour dormir.

Jeudi matin, je débute ma journée comme d'habitude. La journée d'aujourd'hui revêt un caractère si important par le fait que le Pape Benoît XVI arrive à Madrid en fin de matinée. Ce matin, nous partons en tourisme dans la ville. Palais, musées, jardins, églises pittoresques, édifices anciens, grandes surfaces commerciales, places publiques importantes... nous en visitons autant. A onze heures, l'avion du Pape se pose à l'aéroport de Barajas à Madrid. Et pour marquer cette arrivée, les églises font retentir leurs cloches. Quelques chaines de télévision retransmettent l'évènement en direct. Il y a également plusieurs jeunes qui se sont rendus à l'aéroport pour accueillir le Saint-Père. La soirée s'annonce déjà très électrique... Mais en attendant, nous poursuivons notre visite touristique. Et durant notre visite dans la ville, nous rencontrons dans la cour d'un ancien palais royal un prêtre congolais du nom de Blaise Mambu, accompagné de quelques jeunes dont certains qui sont congolais. Ils viennent tous de Johannesburg. Nous prenons un temps pour converser afin de mieux faire connaissance. Des belles photos ne sont pas exclues à l'occasion de cette rencontre. Et d'un heureux hasard, l'un des jeunes de cette délégation porte un de mes prénoms(Trésor). Je découvre cela au moment de la présentation. Ainsi, ce jeune se montre très content et souffle à sa sœur Lucie qui est également avec nous qu'il vient de rencontrer un homonyme. Et Lucie partage par la suite sa joie avec lui en me serrant dans ses bras. Nous continuons par après notre visite. En effet, comme les jours précédents, il fait tellement chaud. Nous nous approchons de midi. Cet après-midi, nous sommes priés de nous rendre à la place de Cibeles pour accueillir le Pape qui va nous rejoindre en début de soirée. Ainsi donc, pour notre dîner, nous choisissons un resto pas loin de la place de Cibeles. Après notre dégustation, nous nous dirigeons vers la destination commune des pèlerins pour cet après-midi. En chemin, nous rencontrons plusieurs pèlerins dont une délégation congolaise venue de Kinshasa, constituée en majeure partie des jeunes religieuses. A deux heures de l'après-midi, nous arrivons à la place de Cibeles. Il y a déjà un bon nombre des jeunes. Les pèlerins viennent bien avant pour s'octroyer les meilleures places qui leur permettront de bien vivre cette cérémonie d'accueil au Pape. Et comme nous arrivons à une assez bonne heure, nous trouvons une bonne place, à proximité d'une barrière de sécurité. Il n'est que deux heures de l'après-midi et le Pape va nous rejoindre à sept heures et demie du soir pour la cérémonie d'accueil. Durant cette attente, nous chantons, dansons, bavardons, rions, suivons des témoignages... Et pour éviter l'ennui, il y a des jeunes qui nous animent depuis le podium se trouvant loin devant. De la très bonne musique populaire est balancée à la satisfaction unanime des jeunes. Petit à petit, la canicule s'accentue. Aujourd'hui, il fait incroyablement chaud ! Et pour que les pèlerins ne brulent de chaleur, il y a des petits sachets plastiques contenant de l'eau qui sont distribués par les volontaires. Avec cette eau, nous pouvons nous mouiller le visage ou tout simplement nous désaltérer. Par la suite, quelques pèlerins, comblés de joie, se mettent à jeter par-dessus de nos têtes ces sachets plastiques, déversant ainsi de l'eau aux autres pèlerins. Ce geste qui ne revêt aucune méchanceté n'est pas tout d'abord compris par plusieurs pèlerins. C'est par la suite que nous constatons que si nous ne nous mouillions pas constamment, nous risquons de nous déshydrater ou tout simplement d'être affaiblis par le soleil qui rayonne. Et une fois que nous sommes mouillés, cinq petites minutes suffisent pour voir nos habits ou visages déjà secs. Ainsi donc, nous comprenons la pertinence de cette aspersion permanente. Mais malgré cela, certains jeunes de notre délégation n'arrivent toujours pas à braver ce soleil brûlant au point de se sentir étouffer. Ils vont donc se trouver une place un peu ombragée afin de s'abriter. Quant à moi et quelques pèlerins de notre délégation, nous restons là-même. A nos côtés se trouve un groupe des jeunes venus d'Uruguay. Et pour vous montrer davantage à quel point la chaleur est si forte, les pompiers ont emmené plusieurs camions citernes pour nous asperger de l'eau. Certains autres font la même chose, mais avec des pulvérisateurs manuels. Et les volontaires nous distribuent de l'eau à boire. Les ambulances sont permanentes pour évacuer les nombreuses victimes de la canicule. « Esta es la juventud del papa » qui signifie : « nous sommes la jeunesse du Pape » et « Benedicto » qui veut dire « Benoit » sont deux propos que dans l'attente du Pape, scandent les jeunes en liesse, tout en brandissant leurs bras. Et quand la chaleur nous frappe et que nous n'avons plus d'eau, nous crions harmonieusement « Bombero !!! » qui signifie « pompier !!! », afin que ceux-ci viennent nous rafraîchir. Le spectacle est magnifique. Imaginez que l'on vous déverse une eau bien froide en fines gouttelettes avec une pression très forte, alors que vous bravez trente-cinq degrés Celsius de chaleur solaire ! Et comme l'ambiance est agréable, la notion du temps quitte même nos esprits. On nous distribue également des petits morceaux de carton de couleurs jaune et blanche. Sur ces cartons, nous pouvons écrire un petit mot d'accueil au Pape. Sur le mien, j'ai écrit : « Bienvenu Benedicto ». Et il est intéressant de lire aussi ce que les autres jeunes ont mentionné sur les leurs. Ecrits en différentes langues, je parviens quand même à comprendre ces différents messages. Ils adressent tous un message d'accueil au Pape. Il y a même des jeunes qui hissent des calicots, toujours gravés d'un message d'accueil au Pape. Cet après-midi, je me rends compte de l'amour que les jeunes du monde ont pour le Pape. Nous chantons, crions, dansons, sautons… dans l'attente du Pape. Et pendant ce temps, le souverain pontife se trouve à la nonciature. Et à l'approche de l'heure se son arrivée à la place de Cibeles, une sorte de compte à rebours est lancée. Les écrans placés un peu partout dans les rues nous montrent en direct les images du Pape qui quitte la nonciature ainsi que tout son parcours en direction vers la place de Cibeles. La joie des jeunes s'agrandit davantage. Le Pape que nous avons tant attendu va enfin arriver. Sa papamobile avance petit à petit sur les rues de Madrid bordées des foules immenses des jeunes et adultes lui criant leur joie. Cependant, il y a quand même une petite inquiétude qui me traverse l'esprit, celle de savoir si le Pape passera à coté de nous ou pas. Quand j'aperçois la police en train de baliser la grande avenue se trouvant devant nos yeux, un espoir gagne mon esprit. Ça vous étonnera peut-être, mais je vous assure qu'il y a des gens qui ont participé à des JMJ sans voir réellement le Pape. Certains ont eu encore un peu de chance en l'apercevant de très loin ou en apercevant que sa papamobile. Ma prière est que durant mon pèlerinage, je puisse voir de mes propres yeux le Pape, et pourquoi ne pas le saluer de ma propre main ! Quand le Pape arrive à proximité de la place de Cibeles, les cris de joie s'intensifient davantage. Mes cris font également partie bien entendu !

Quand j'aperçois la papamobile, mon cœur se met à battre. Sur cette vue, j'aperçois déjà le Pape. Malgré cela, je ne suis pas encore très satisfait. La joie est tellement électrique au point qu'il faut être rempli de souffle pour tenir durant ces quelques minutes d'entassement et d'agitation. Au même moment, je constate que le Pape doit passer devant nous. Quelle satisfaction ! Les jeunes sont aux anges. Nombreux portent une caméra, un appareil photo, des téléphones... pour immortaliser cet évènement. Moi, je porte dans ma main droite une caméra. Et en cet instant, mes mouvements sont très limités au risque de perdre la position favorable qui me permettra de prendre les plus belles images possibles et surtout, de voir le Pape de mes propres yeux. Gloria, une des pèlerines de notre délégation sollicite même qu'elle soit prise sur les épaules pour qu'elle aperçoive le Pape le plus clairement possible. Chose qui est faite. Quand la papamobile arrive à trente mètres de nous, j'ai le ventre contre une barrière de sécurité, sentant l'envie très acharnée de plusieurs pèlerins comme moi se trouvant à mes côtés de me remplacer de cette place favorite. De tous côtés, je suis bousculé. Il suffit d'un mauvais mouvement de ma part pour me retrouver loin derrière. Je ne vous l'ai pas encore dit : en effet, trente minutes avant l'arrivée du Pape, suite à une distraction de ma part alors qu'on nous aspergeait de l'eau par les pompiers, j'ai été violemment bousculé par des jeunes en liesse comme moi-même, au point que durant cette bousculade imprévisible, j'ai reculé de cinq mètres de la place que j'occupais bien avant. Mais à l'approche de l'arrivée du Pape, toujours à l'occasion d'une bousculade de même nature, j'ai été propulsé vers l'avant, gagnant quelques mètres en plus. J'ai à cet effet gagné en plus de mes cinq mètres perdus bien avant, deux autres. Et quand le Pape passe, je le vois physiquement de mes propres yeux à seulement trois mètres de moi. Il a le sourire aux lèvres, la main droite levée pour nous saluer, les yeux regardant plein de joie les abords de la grande rue inondée des jeunes remplis d'allégresse. Et en dépit de la bousculade, je prends des belles images malgré cette capture à l'aveuglette. Le Pape continue par la suite sa route pour saluer les autres pèlerins. Et après ce passage, nous nous mettons à parler de ce que nous venons de vivre. Les uns ont bien vu le Saint-Père, alors que d'autres non. Quand nous constatons que la papamobile va repasser par la même route pour se diriger vers l'autel, nous prenons à nouveau nos dispositions. Cette fois-ci, il ne faut pas rater l'occasion. Nous soulevons donc quelques pèlerins qui ont du mal à voir de l'autre côté de la grande rue. Ainsi, j'ai vu ce soir de très près le Pape par deux fois.

La cérémonie proprement dite d'accueil du Saint-Père par les jeunes débute quelques temps après par le « Firme en la fe », l'hymne des JMJ 2011. Viennent par la suite les salutations du Saint-Père en différentes langues, adressées aux pèlerins. La lecture de l'Evangile est faite après les chaleureuses salutations papales. Le souverain pontife prononce ensuite un discours aux jeunes. La prière d'aujourd'hui est brève mais très significative. C'est sous le son du Salve Regina que la cérémonie prend fin. Nous prenons ainsi la route de retour vers le collège. Mais cette fois-ci, pour ne pas se heurter à des attroupements et bousculades, et aussi pour gagner le temps, nous empruntons une route en direction d'une ligne de métro située bien loin de la place de Cibeles. Et comme d'habitude en chemin, nous effectuons des rencontres spéciales avec de jeunes pèlerins comme nous. Cette journée a été intense. Nous étions avertis de cela. De retour au collège, nous sommes presque tous morts de fatigue. Quelques-uns qui allaient souvent très tard au lit se rendent alors véritablement compte après cette journée que s'ils veulent vivre pleinement leur pèlerinage, il leur faut prendre beaucoup de temps pour suffisamment dormir les nuits afin de gagner les énergies nécessaires pour assurer le restant de leurs jours à Madrid. Après donc mon souper, je prends un bain et par la suite, je déballe mon sac de couchage pour m'endormir paisiblement.

Le lendemain matin, je sursaute de mon long sommeil qui m'a redonné mes forces. La journée d'aujourd'hui a comme activité commune pour tous les jeunes pèlerins venus à Madrid, le chemin de croix avec le Pape. Cela se passera dans la soirée, toujours sur notre lieu de rassemblement habituel. Le programme matinal au collège est quasiment le même qu'habituellement. Après la prière, nous sommes invités à aller visiter encore quelques lieux de la ville. Cependant, il y a encore certains jeunes de notre délégation qui se sont réveillés très fatigués et veulent rester dormir. Cela s'explique par le fait que certains persistent à dormir peu. Et la conséquence est que leurs journées débutent avec des lourdeurs corporelles. Malheureusement, Il n'est pas possible de rester dans nos différents lieux d'hébergement durant les journées. En effet, nous débutons nos journées en quittant le collège à dix heures du matin pour généralement ne rentrer qu'au-delà de huit heures du soir. Et en cas de maladie, il y a toute une organisation d'assistance médicale. Et pour les cas de fatigue, des parcs riches en verdure sont trouvables un peu partout dans la ville. Madrid est la deuxième ville la plus verte au monde, nous renseigne le guide du pèlerin, un des documents que chacun de nous possède dans son sac. Nous n'habitons pas très loin du célèbre stade Santiago Bernabeu du mythique club de football Real de Madrid. C'est le premier lieu que nous visitons cette matinée. Et ce même matin, je réponds, devant l'esplanade du stade, à quelques questions d'une jeune demoiselle travaillant pour le compte d'une radio autrichienne basée à Vienne. L'essentiel de l'entretien tourne sur mon point de vue par rapport au message du Pape prononcé le jour précédent. La conversation débute en anglais pour par la suite se poursuivre en français. Le reste de la matinée est essentiellement touristique.

En début d'après-midi, nous nous mettons à la recherche d'un restaurant de notre choix pour le dîner. Et durant ce parcours, en entrant dans un magasin pour acheter un article, j'aperçois deux dames qui parlent français. Imaginez-vous un peu combien ça fait plaisir de rencontrer des gens qui parlent la même langue que vous alors que vous vivez dans un univers aux langues multiples ! Ces dames viennent de très loin : de Nouméa, en Nouvelle Calédonie, une île se trouvant dans le Pacifique. Et quand je situe géographiquement mon pays, elles me font savoir qu'elles le connaissent. Et d'ailleurs il y a un prêtre congolais, me disent-elles, qui a œuvré pendant quelques temps dans leur diocèse. Et comme elles gardent des souvenirs dorés de lui, elles me transmettent leurs jolis sourires et des mots si réconfortants, dignes d'une joie profondément ancrée dans leurs cœurs. Si je vous raconte une telle rencontre, c'est juste pour vous permettre de mesurer l'esprit qui nous anime. Il est quand même difficile d'exprimer ce qu'on peut ressentir quand on rencontre une personne venant d'un coin tout à fait autre que le tien qui nous transmet sa joie la plus profonde. Le peu de temps que je passe personnellement avec ces différents pèlerins suscite en moi des grandes questions. Nombreux ne manquent pas un objet symbolique de chez soi. Et l'offrir à une personne que l'on rencontre pour la première fois signifie à mon avis témoigner à celle-ci son amour et sa joie de l'avoir rencontrer tout en l'invitant à rester éternellement des très bons amis et à se souvenir du pays d'origine ou de provenance de la personne que l'on a rencontrée. Intéressant ! Et durant la matinée, il est même arrivé que l'on rencontre plus d'une fois des pèlerins avec qui nous avons vécu des belles journées dans notre diocèse hôte dont Sofia qui a été très chaleureuse avec nous à Guadalajara. En tout cas, toutes les plus belles phrases ont été prononcées par l'ensemble des jeunes de notre délégation pour reconnaitre ses nombreuses qualités humaines. Elle nous a vraiment marqués tous, cette future religieuse ! Il m'est même arrivé de m'interroger au fond de moi-même sur le sens de l'accueil des autres. Est-ce que moi personnellement, je me serais montré aussi gentil avec les gens si c'était ma ville ou mon pays qui devait accueillir un très grand nombre de jeunes de provenance diverse ? Aurais-je rendu disponible toutes mes qualités humaines pour que mes hôtes se sentent comme s'ils étaient chez eux ? Ces questions que je me pose et que je n'ai pas du tout effacées de mon esprit, je vous invite à vous les poser également. Et à midi et demi, nous entrons dans un restaurant pour le dîner. Ainsi donc, nous avons passé toute la matinée et une bonne partie de l'après-midi sous le chaud soleil, allant pratiquement dans tous les sens de la ville jusqu'à ce que les premiers malaises de fatigue de la journée aient commencé à gangrener presque tout le groupe. Nous avançons mais en chemin, les jérémiades sont nombreuses. A cet effet, nous marquons une pause dans un café pour souffler un peu et se désaltérer. Mais malgré la petite pause et la bonne boisson fraîche, nous ne retrouvons toujours pas nos forces. Nous prolongeons alors de quelques minutes encore notre repos avant de reprendre la route. Malheureusement, notre état de fatigue reste inchangé. Le chef de notre délégation décide alors de nous octroyer un précieux moment de sommeil de trois quart d'heure. Nous choisissons donc un parc situé à proximité de notre chemin où nous nous couchons sur la pelouse, bénéficiant ainsi de la fraîcheur produite par les bois, avant d'aller au chemin de croix. A l'épuisement de notre timing de repos, nous reprenons la route. En chemin, nous rencontrons comme d'habitude des nombreux pèlerins. Ils se rendent au chemin de croix comme nous. Une fois que nous arrivons aux environs de la place de Cibeles, les pèlerins sont déjà très nombreux. Ce soir, nous ne voyons pas le Pape physiquement. Nous ne l'apercevons même pas au loin. En effet, nous suivons le chemin de croix à travers les écrans. Je vous assure que ce chemin de croix me marque tellement. Je ressens l'envie de vivre cet évènement de plus près en faisant partie du nombre de ces jeunes qui portent la croix et les pasos au cours des différentes stations. Ce chemin de croix me remplit d'émotion. Aux environs de la place de Cibeles où nous nous installons, nous nous asseyons par terre, en plein milieu d'une rue remplie des pèlerins. Quand le chemin de croix débute, bien que je sois fatigué, je me mets debout. Ainsi au moyen de mon bréviaire, je participe à ce chemin de croix très impressionnant. La passion du Christ est vécu par les jeunes du monde entier présent à ce pèlerinage, avec pour la procession, un choix des jeunes présentant les souffrances des jeunes du monde entier en portant de station en station la croix des jeunes. Lesdits jeunes sont : des jeunes de la terre sainte, des jeunes venant de différents pays où servissent les persécutions à cause de la foi, des jeunes d'Irak, des jeunes espagnols, des jeunes de Madrid accompagnés d'émigrants, des jeunes libérés de la drogue, des jeunes marginaux, des jeunes d'Albanie, des jeunes du Rwanda et du Burundi, des jeunes qui souffrent de la précarité et du chômage, des jeunes handicapés, des jeunes d'associations caritatives au service des malades du sida, des jeunes du Soudan, des jeunes de Haïti et du Japon. Et comment ne puis-je pas me souvenir de ce chemin de croix très spécial grâce aux images des pasos qui sont des statues de la semaine sainte espagnol ? Les pasos dont je parle ici, et qui sont au nombre de quinze, sont des statues emblématiques peignant la passion du Christ, portées généralement à dos d'homme au cours des processions de la semaine sainte en Espagne. Ces trésors de notre patrimoine chrétien ont servi pendant des siècles à explorer le mystère de la mort et de la résurrection du Christ. Bon nombre des pasos sont des joyaux artistiques uniques au monde et ils sont exposés pour la première fois de leur histoire en dehors de leur lieu d'origine et du cadre de la semaine sainte. Quelle bénédiction pour ces nombreux pèlerins! Et en dehors de cette cérémonie, les pèlerins peuvent contempler les pasos tous les jours dans les centres d'accueil où ils sont gardés. Ce chemin de croix est une occasion merveilleuse pour présenter une prière pour ces nombreux humains dans le monde qui souffrent véritablement. Il m'interpelle à découvrir ce qui se passe à côté de moi et à prendre conscience des besoins des personnes qui nous entourent. Je me souviens encore d'un geste qui m'a fort marqué : un jeune m'a tendu une circulaire de détresse portant sur la situation de la Somalie. Cela m'a secoué le cœur. Le son musical de ce chemin de croix, provenant certainement des trompettes, résonne en harmonie avec ce sentiment profond que je suis en train de vivre en cet instant de ma journée, de ma vie. Dans mon cœur, j'adresse à mon créateur une prière pour notre humanité déchirée par des guerres, des injustices, des fléaux…. A côté de moi, je vois des jeunes qui, debout, à genou, ou même assis, se trouvent dans une attitude de profonde émotion, dans une attitude de prière profonde. Pour vous dire que tout un chacun de nous est marqué à sa manière par ce chemin de croix. Ainsi, pendant que je vis ce chemin de croix très significatif pour ma vie, la fatigue me quitte et en moi, je sens un soulagement et une joie indescriptible qui traverse mon être. A la fin de ce chemin de croix, je reste très ému !

Que Dieu soit béni pour ce moment inoubliable que j'ai vécu!!!

Nous reprenons par après la route pour rentrer au collège. De retour au collège, après le souper, je prends le chemin des dortoirs pour aller me coucher. Le matin du lendemain, je me réveille de bonne heure pour préparer cette grande journée qui nous invite à être tous à l'aérodrome Quatro Vientos pour la vigile de prière. Et comme nous devons y passer la nuit, nous apprêtons nos sacs. A neuf heures, notre délégation prend la route en direction de l'œuvre salésienne de Carabanchel, toujours à Madrid, où plusieurs jeunes du mouvement salésien des jeunes, M.S.J. en sigle, doivent être accueillis pour la distribution des engagements dudit mouvement pour les années à venir. Carabanchel se trouve très loin de chez nous. D'ailleurs même, nous nous égarons de notre chemin à un certain moment avant de vite nous retrouver sur la bonne voie grâce à l'orientation de quelques passants que nous rencontrons sur notre parcours. Ce matin, il fait déjà trop chaud à cette heure de la journée. Et comme il y a encore un peu de fatigue en nous, nous avons l'impression de nous affaiblir davantage. Se munissant de courage, nous poursuivons notre route jusqu'à arriver à destination. Nous ne sommes pas les premiers à arriver à Carabanchel. Certaines délégations sont déjà là et d'autres arrivent petit à petit. Nous rencontrons encore plusieurs jeunes avec qui nous étions à Guadalajara.

Quelles retrouvailles ! Et à la manière des jeunes, nous nous occupons utilement. Plusieurs activités sont retenues au programme de cette rencontre dont une allocution aux jeunes de la mère générale des religieuses filles de Marie Auxiliatrice. Nous profitons également de ce moment pour acheter des mâts pour que nos drapeaux qui en manquent flottent cet après-midi. La matinée se clôture par une prière et nous prenons par la suite le chemin de l'aérodrome. Le soleil est au zénith. Nous sommes samedi. Le chemin à parcourir est tellement long. Mais comme nous sommes nombreux à faire ce parcours, l'ambiance qui nous anime nous fait oublier la chaleur atmosphérique brûlante que nous ressentons. J'ai avec moi un petit bâton qui me permet d'avancer avec courage sur ce terrain en pente couvert des bois, quelques peu herbeux et caillouteux qui constitue une partie de notre route. Et quand nous embrassons les grandes routes, nous nous apercevons alors de l'ampleur de la chaleur qu'il fait aujourd'hui. Au loin et même beaucoup plus près de nous, nous apercevons des pèlerins comme nous qui se rendent également à l'aérodrome. Plusieurs madrilènes habitant le long des routes que nous empruntons sont perchés sur leurs balcons, haies de clôture et même debout devant leurs habitations pour nous encourager. Ils sont tellement galants avec nous en applaudissant, en nous adressant quelques phrases de réconfort... D'autres font plus que ça ! En effet, depuis les hauteurs de leurs appartements, certains madrilènes orientent des tuyaux vers nous pour nous asperger de l'eau. Combien de fois n'avons-nous pas ralenti nos pas pour profiter de cette générosité dont je ne peux qualifier le sens ? Et à certaines occasions, nous sommes obligés de nous arrêter quelques minutes sous l'insistance de nos hôtes pour nous laisser mouiller encore plus. Et tout ceci se passe sous des exclamations de joie dans différentes langues et expressions. Formidable !!!

Plusieurs minutes de marche après, nous nous retrouvons à l'entrée de l'aérodrome. Nous portons tous un badge sur lequel est indiquée la zone qui nous est réservée. Et avant d'entrer, nous passons par un service de ravitaillement qui donne à chacun des jeunes de notre délégation un kit de nourriture appelé pique-nique du pèlerin dont le poids approche cinq kilogrammes. Quelques bouteilles d'eau nous sont également données. Il est prévu que ce ravitaillement soit rendu disponible pour les pèlerins ayant demandé ce service lors de l'inscription. Quatre cents mille kits de nourriture, tel est le nombre des pique-niques du pèlerin qui vont être distribués. Après avoir franchi les barrières de l'aérodrome, la suite consiste à rechercher la zone qui nous est attribuée. Pas facile du tout avec ce soleil incroyable ! Et pour la facilité du transport de mes bagages et de ceux de quelques-uns de notre délégation qui sont déjà abattus considérablement par la chaleur, je prends le bâton qui m'a servi de canne durant mon chemin vers ce lieu pour les transporter avec Célestin. Mon visage est couvert d'une chaude sueur que j'empêche de pénétrer dans mes yeux. Ma poitrine est complètement mouillée. Mes deux mains chargées, je suis obligé de braver cette difficulté à laquelle j'ai du mal à trouver une simple solution adéquate. Jusqu'alors, nous n'apercevons nullement notre zone, la C2. Nous avançons avec beaucoup d'inquiétude jusqu'à la vue par un des nôtres du panneau portant notre code. Nous accourons donc si vite. Mais malheureusement, nous constatons qu'un autre groupe occupe déjà ce lieu. Nous nous installons donc juste à côté.

Le soleil nous brûle toujours la peau. Quarante degrés Celsius est la température qu'il indique cet après-midi. Jamais de ma vie, je ne me suis retrouvé sous un soleil si brûlant. Même mon Afrique au soleil si chaud ne m'a jamais fait vivre un tel instant. Après donc notre installation, nous nous mettons à bricoler avec quelques tissus et bâtons une sorte d'abri pour tenter d'échapper à cette chaleur, mais en vain. Je suis habillé en culotte légère de sport, débardeur et claquette. Cette tenue relaxe ne me permet cependant pas à me sentir à l'aise sous cette chaleur. A un moment donné, je me couche même au sol pour tenter de m'endormir un peu afin d'oublier cette canicule mais toujours pas de résultats favorables. Les pèlerins sont éparpillés en quête d'un endroit ombragé. Il y a quelques postes de vente des boissons sur place à l'aérodrome, mais bien remplis de plusieurs files d'attente. Et je me souviens encore de cette bouteille d'eau qu'un ami a achetée alors bien fraîche, et le temps de la lui livrer, elle est devenue toute chaude au point de ne plus étancher la soif.

Les pèlerins ne cessent d'arriver à Cuatro Vientos. Près de deux millions de pèlerins y sont attendus. Dans les airs volent deux hélicoptères qui assurent la sécurité et également prennent des images de l'évènement. Les volontaires, toujours présents parmi nous, se chargent d'orienter les pèlerins vers leurs zones et en même temps, ils viennent en aide à toutes les victimes de la canicule en les transportant jusque dans les ambulances. Sur le grand podium érigé pour la vigile de prière s'y déroulent plusieurs activités diverses dont des témoignages, des concerts, une animation permanente... Et comme la chaleur ne cesse de nous agacer, les pompiers déploient des camions citernes remplis d'eau pour asperger permanemment les pèlerins. Cependant, il faut aller vers ceux-ci pour bénéficier de ce rafraîchissement. Et quel spectacle ! Nous courons derrière ces camions, criant « bombero ». Et quand nous sommes convenablement arrosés, nous nous taisons pour respirer un peu, mais si vite, le calvaire de la canicule nous rattrape. Nous tissons même des nouvelles relations amicales avec des nombreux pèlerins avec qui nous nous livrons à cet exercice qui tend à ressembler à un excellent jeu d'enfants. Au même moment, la canicule continue à faire des victimes un peu partout. J'ai même soulevé cet après-midi avec quelques jeunes une volontaire qui, alors qu'elle ne cessait de nous rendre service, s'était évanouie. Nous ne pouvions que lui venir en aide ! Pendant donc plus de cinq heures de temps, nous avons vécu ce spectacle que je viens de vous peindre. Et quand le soleil nous a accordé sa clémence, dans l'attente du début de la vigile de prière avec le Pape, Yannick, Gyrhaiss, Gloire et moi décidons d'explorer la partie ouest de l'aérodrome. Cette exploration nous réserve beaucoup de surprises avec des nombreuses connaissances que nous faisons avec plusieurs autres pèlerins venant quasiment de tous les coins de notre planète. Je me souviens encore de la joie d'une belle dame camerounaise, venue d'Allemagne, qui nous a fait savoir que son mari est congolais comme nous. Et tellement contente, elle nous a témoigné son amour de mère. Que des beaux moments vécus pendant cette promenade de découverte de l'aérodrome ! Et quand il a fallu s'amuser un peu, blaguer ou parler de tout ce que nous avons vécu de particulier jusqu'à ce niveau de notre pèlerinage, il était beau d'entendre les points de vue des uns et des autres. Des grandes tentes sont aussi placées pour l'adoration et la prière. Elles font office de chapelle. Quand approche l'heure du début de la vigile de prière, nous retournons dans notre zone. Comme d'habitude, il y a des nombreux écrans géants dans toutes les zones. Et aujourd'hui, on sous-titre en anglais et dans plusieurs autres langues, les différents messages des étapes de cette cérémonie grandiose. Et pour les personnes vivant avec un handicap, il y a toute une organisation bien établie qui permet à ceux-ci de suivre cet évènement. Quand le Pape se met en route vers Quatro Vientos, nous le suivons de bout en bout. Nous apprenons en ce moment qu'il va passer sur une allée située à une bonne distance de notre place. Avant donc qu'il n'arrive, nous nous mettons en chemin jusqu'à atteindre les bordures de cette allée qui fait office de frontière avec une autre zone. Impossible d'enjamber ces barrières. Le Pape vient d'arriver à l'aérodrome. Les ovations sont tellement fortes. On nous fait savoir ensuite que le Pape ne passera plus par cette allée où nous l'attendons avec nos drapeaux, les uns hissés et les autres portés autour du cou. Il faut donc retourner à nos places parce que la cérémonie doit commencer dans les minutes qui suivent. En ce moment, quand je retourne mon visage, j'aperçois une fille venant à vive allure vers nous. Je tends donc mes bras pour la serrer contre moi. Ses amies viennent également vers nous. Elles sont accompagnées par un prêtre. Nous échangeons ensemble des chaudes accolades. Ils viennent de Kinshasa comme les jeunes que nous avons rencontrés à la place de Cibeles le jour de la cérémonie de lancement des JMJ. C'est la première fois que nous les rencontrons. Encore une fois, cette grandeur affective surpasse ma compréhension. Je me pose encore des questions sur cette joie immense qui nous fascine. Et avant de nous séparer, nous prenons des belles photos. Une fois que nous regagnons notre place, la vigile de prière débute, dirigée par le Saint-Père. Et à peine que nous débutons la vigile de prière, un tonnerre gronde. Le ciel est déjà noir. Des fines gouttelettes commencent à tomber sur nous et par la suite, une tempête souffle fortement au point qu'elle emporte même la mitre du Pape. La tempête souffle davantage et l'orage se met à nous rincer. Alors en cet instant, je me suis souvenu de l'abbé Eric Chang qui, lors de notre conversation à Paris devant la paroisse Saint Jean-Baptiste, nous avait parlé des JMJ de Toronto où durant une bonne partie de la nuit et toute la célébration eucharistique de clôture, il plut. Sommes- nous en train de vivre une expérience semblable à celle de Toronto? En tout cas, je ne me suis pas du tout préparé psychologiquement à vivre un pareil spectacle en ce jour. Mais que faire ? Nous nous laissons donc arroser par la pluie au point que je prends même froid. Le programme de la vigile de prière est momentanément à l'arrêt. Le Pape est conduit à l'abri des gouttes de pluie. Et comme durant toute la journée, j'ai bavardé et tellement crié sous l'émotion joyeuse de l'ambiance qui nous animait, je ressens à l'instant des maux de gorge. A la fin de la pluie, je constate que j'ai perdu ma voix. Il me faut vraiment élargir mes cordes vocales pour être audible. Le Pape nous rejoint par après, ovationné par une jeunesse en liesse malgré qu'elle soit encore bien mouillée. Par la suite, la vigile de prière reprend. Les bruits et ovations laissent la place à un silence de recueillement et de prière pour un bon moment. Et quand le Saint-Père prend congé de nous, un magnifique feu d'artifice est tiré. Ce feu d'artifice tellement beau m'incite à pousser encore des vaillants cris de joie malgré que j'aie perdu la vitalité de ma voix. La vigile de prière se poursuit par la suite. Et avant de poursuivre ma prière de ce soir, je prends mon souper. La suite de la soirée ne se montre pas rose pour moi. Mes maux de gorge s'aggravent au point que je me sens très mal à un moment donné. Je demande alors à quelques-uns de mes amis de m'accompagner au centre des premiers soins le plus proche de nous qui se trouve à près d'une centaine de mètre, dans l'enceinte de Cuatro Vientos même. Une fois que j'y arrive, une dame de la police me reçoit et me demande de m'installer sur un petit lit. La consultation débute aussitôt et elle prend quand même un temps suffisamment long pour atterrir sur une prescription d'un calmant. Et après ce traitement, je me sens grandement soulagé. Je reprends par la suite mon chemin pour regagner notre zone. Et en chemin, je rencontre encore une fois Sofia qui me remplit de courage tout en me serrant dans ses tendres bras.

Il commence à se faire déjà tard. Certains pèlerins dorment déjà. Je regagne ma place et avant de m'enfoncer dans mon sac de couchage pour dormir, je fais ma dernière prière de la soirée. Le lendemain matin, je me réveille à cinq heures du matin. L'aérodrome est vraiment très calme. Quatre-vingts dix pourcents des pèlerins dorment encore. Il fait légèrement frais. Et avant qu'il y ait une affluence de monde, je prends la résolution d'aller me débarbouiller dans les installations en maison pilote se trouvant à proximité de notre zone. Et de retour à ma place, je me mets à apprêter mes bagages. Nous sommes un dimanche. C'est le dernier jour des JMJ. Et quand je pense à cela, je ressens la nostalgie. Je m'imagine déjà combien cette ambiance fraternelle que j'ai vécue durant ce pèlerinage va me manquer, combien ces nombreux amis venus de loin que j'ai rencontrés vont me manquer. Pas facile du tout à digérer ! Dans mon petit cœur, je vis en cet instant une sorte de rétrospective de mon pèlerinage depuis son début jusqu'à ce jour ultime. J'ai l'impression que le temps est très vite passé. J'ai sincèrement une grande envie de prolonger ce merveilleux pèlerinage. Les pèlerins se mettent donc à se préparer afin de pouvoir participer à la messe de clôture que le Pape va célébrer à neuf heures et demie du matin. Et j'apprends en ce moment que durant la nuit, alors que nous dormions profondément, il y a eu une tempête incroyable au point qu'une quantité importante des hosties réservées pour la célébration de clôture se sont envolées, et certaines tentes faisant office de Chapelle pour l'adoration ont même été démontées parce que menaçant également de s'envoler. Et le danger était que les parties métalliques pouvaient bien causer d'énormes dégâts. La nuit a donc été tourmentée pendant que nous dormions. Personnellement, je n'ai rien ressenti, rien entendu durant la nuit. N'avions-nous pas vécu un miracle ! Quelques minutes avant le début de la messe, le Pape arrive à l'aérodrome. Il fait tout d'abord un petit tour entre les foules pour saluer les jeunes. Au moment de la messe, il fait très chaud. Nous sommes debout, dans nos zones respectives, les yeux rivés en direction de l'autel se trouvant très loin de nous. Les rayons de soleil nous piquent déjà fortement. La messe est tellement belle. Les cantiques sont magnifiquement exécutés et les jeunes participent à cette messe historique avec une très grande attention quoique certains soient encore vraiment fatigués, affaiblis aussi par le chaud soleil matinal. A l'heure de la communion, je me dirige vers un prêtre pour recevoir l'eucharistie, mais malheureusement, il n'y en a plu. Je n'ai pas pu communier. La carence d'hosties s'explique par la situation qui s'est passée durant la nuit. En dépit de cela, j'ai participé avec dévouement à cette cérémonie de clôture des JMJ de Madrid. Par la suite, la bénédiction des croix de pèlerins que nous avons tous reçu est intervenue. La croix de pèlerin est le signe de l'envoi en mission. Ensuite, la ville qui accueillera dans deux ans les prochaines JMJ a été dévoilée au grand public par le Pape. Il s'agit de Rio de Janeiro au Brésil. Les jeunes d'Espagne remettent à cet effet la croix des JMJ à ceux du Brésil. Après l'angélus, Le Pape prononce une brève allocution dans laquelle il invite les jeunes à donner un témoignage audacieux de leur vie chrétienne à toutes les personnes qui chercheront à savoir ce qui a changé en eux après ce pèlerinage. Il poursuit en nous demandant de nous enraciner en Christ et de bâtir notre vie sur le roc qu'il est Lui-même (Christ). Nous recevons enfin la bénédiction finale du Pape, laquelle met fin à cette messe d'envoi en mission. Et c'est sous le son de l'hymne des JMJ que se clôture cette cérémonie culminante. Nous prenons donc le chemin de retour, faisant nos adieux à nos amis. Et en chemin, nous échangeons cette fois-ci une bonne partie des drapeaux de notre pays contre ceux d'autres. Plusieurs petits cadeaux souvenirs sont également échangés. Après une bonne marche et des longues minutes d'attente devant l'entrée du métro, nous finissons par regagner notre collège en début d'après-midi. Et dans la soirée, nous nous rendons au stade de l'Athletico Madrid pour suivre un match de gala qui va opposer une sélection des joueurs espagnols contre celle du reste du monde. En chemin vers le stade, notre accompagnateur échange même son t-shirt contre celui d'un jeune néo-zélandais à la demande de ce dernier. Et c'est tard dans la soirée que nous rentrons au collège après avoir bravé des vents froids et des nombreuses gouttelettes de pluie. Le lendemain matin, après la prière matinale et le petit déjeuner, nous disons au revoir à nos amis des délégations qui s'apprêtent déjà à partir. Cette journée est essentiellement touristique pour notre délégation. Nous passons nos dernières heures dans la noble ville de Madrid dont nous gardons des souvenirs inoubliables. Promenades, shoppings, visites... constituent l'essentiel du programme de notre journée. Et dans la soirée, nous faisons nos sacs et valises avant de nous coucher. Le matin du jour suivant, nous quittons à notre tour le collège en direction de la gare routière où nous prendrons le bus qui nous reconduira à Paris. Mais bien avant ça, nous gravons quelques phrases souvenirs sur une toile placée à l'entrée du collège. Ainsi, nous arrivons à Paris le jour suivant en fin de matinée, toujours dans notre paroisse hôte. Dans l'après-midi, notre accompagnateur propose à ceux qui ne sont pas fatigués d'effectuer encore une visite de la ville. Et le soir, nous partageons tous ensemble un repas comportant des mets de chez nous.

Notre séjour en Europe est terminé. Le lendemain, nous prendrons l'avion pour regagner notre chère Afrique. Nos sacs et valises sont déjà bien prêts. Avant donc de partir, nous remercions l'abbé Eric Morin qui a été tellement sympathique avec nous. Charly, un garçon de notre délégation, lui offre même un petit tableau en malachite, gravé de la carte de notre pays. Vous ne vous imaginerez pas la joie de l'abbé Morin !!!

Et la matinée de notre voyage, je rencontre un grand ami venu de loin pour me voir. Et quelle chance ! Noah, que je n'ai plus vu il y a deux ans, est arrivé à l'aéroport une dizaine de minute avant que nous embarquions. De justesse, il m'aurait raté !

Ainsi donc, je rentre chez moi en RD Congo avec non seulement de la joie au cœur et toute une histoire à raconter, mais aussi avec plein de petits objets souvenirs reçus de plusieurs pèlerins et un agenda bien garni des contacts et de nombreux autographes.

Et quelques jours seulement après mon retour, mails, messages téléphoniques, invitations sur des réseaux sociaux... affluent de partout, principalement pour savoir réciproquement comment nous avons effectué nos voyages de retour et avoir également nos impressions personnelles après ce magnifique pèlerinage.

Résolument, nous sommes devenus des amis du monde, nous formons plus qu'une famille, et nous nous soutenons mutuellement, tout en espérant nous revoir un jour et partager la même joie de vivre que celle qui nous a caractérisés durant notre pèlerinage.

Au terme de mon pèlerinage que je viens de vous relater, lequel nous a invités à affirmer notre foi en s'enracinant en Christ, je vous propose quelques phrases que j'ai totalement tiré du message que le Pape a adressé aux jeunes lors de la messe d'envoi des JMJ 2011 :

« La foi n'est pas le fruit de l'effort de l'homme, de sa raison, mais elle est un don de Dieu. La foi ne fournit pas seulement des informations sur l'identité du Christ, mais elle suppose une relation personnelle avec lui, l'adhésion de toute la personne, avec son intelligence, sa volonté et ses sentiments à la manifestation que Dieu fait de lui-même. La foi et la suite du Christ sont étroitement liées. Elle doit se consolider et croître, devenir profonde et mure, à mesure qu'elle s'intensifie et que se fortifie la relation avec Jésus, l'intimité avec lui. Renforcez cette foi qui nous a été transmise depuis les apôtres, mettez le Christ, le fils de Dieu, au centre de votre vie. Suivre Jésus dans la foi, c'est marcher avec lui dans la communion de l'Eglise. On ne peut pas suivre Jésus en solitaire. Celui qui cède à la tentation de marcher à son propre compte ou de vivre la foi selon la mentalité individualiste qui prédomine dans la société, court le risque de ne jamais rencontrer Jésus-Christ, ou de finir par suivre une image fausse de lui. Avoir la foi, c'est s'appuyer sur la foi de tes frères, et que ta foi serve également d'appui pour celle des autres. Aimez l'Eglise qui vous a engendré dans la foi, vous a aidés à mieux connaître le Christ et vous a fait découvrir la beauté de son amour. Pour la croissance de votre amitié avec le Christ, il est fondamental de reconnaitre l'importance de votre belle insertion dans les paroisses, les communautés et les mouvements, ainsi que l'importance de la participation à l'Eucharistie dominicale, de la réception fréquente du sacrement du pardon, et de la fidélité à la prière dominicale et à la méditation de la parole de Dieu. De cette amitié avec Jésus naitra aussi l'élan qui porte à témoigner la foi dans les milieux les plus divers, y compris ceux dans lesquels il y a refus ou indifférence. On ne peut pas rencontrer le Christ et ne pas le faire connaître aux autres. Ne gardez donc pas le Christ pour vous-mêmes. Transmettez aux autres la joie de votre foi. Le monde a besoin du témoignage de votre foi, il a certainement besoin de Dieu. Je pense que votre présence ici, jeunes venus des cinq continents, est une merveilleuse preuve de la fécondité du mandat de Jésus donné à l'Eglise (Allez dans le monde entier. Proclamer la Bonne Nouvelle à toute la création). A vous incombe le devoir extraordinaire d'être des disciples et des missionnaires du Christ dans d'autres terres et pays où se trouve une multitude des jeunes qui aspirent à des très grandes choses et qui, découvrant dans leurs cœurs la possibilité de valeurs plus authentiques, ne se laissent pas séduire par les fausses promesses d'un style de vie sans Dieu. »

« En Christ notre foi ! En Christ notre foi !

Cheminons dans le Seigneur qui nous fait vivre,

Christ notre joie !

Seigneur, gloire à toi ! Seigneur, gloire à toi !

Compagnon sur notre route,

O Christ, gloire à toi ! »[5]

---

[5] Refrain de l'hymne des JMJ 2011

TABLE DES MATIERES

I. DE PASSAGE DANS LA VILLE LUMIERE..5

II. LES JOURNEES EN DIOCESE..17

III. LES JOURNEES MONDIALES DE LA JEUNESSE..33

i want morebooks!

Buy your books fast and straightforward online - at one of the world's fastest growing online book stores! Environmentally sound due to Print-on-Demand technologies.

Buy your books online at
www.get-morebooks.com

Achetez vos livres en ligne, vite et bien, sur l'une des librairies en ligne les plus performantes au monde!
En protégeant nos ressources et notre environnement grâce à l'impression à la demande.

La librairie en ligne pour acheter plus vite
www.morebooks.fr

OmniScriptum Marketing DEU GmbH
Heinrich-Böcking-Str. 6-8
D - 66121 Saarbrücken
Telefax: +49 681 93 81 567-9

info@omniscriptum.de
www.omniscriptum.de

www.ingramcontent.com/pod-product-compliance
Lightning Source LLC
Chambersburg PA
CBHW031243160426
43195CB00009BA/583